U0123034

心一堂術數古籍珍本叢刊

書名：章仲山門內真傳《大玄空秘圖訣》《天驚訣》《飛星要訣》
《九星斷略》《得益錄》等合刊

系列：心一堂術數古籍珍本叢刊 堪輿類 無常玄空珍秘 第二輯 205

作者：【清】章仲山、冬園子等

主編、責任編輯：陳劍聰

心一堂術數古籍珍本叢刊編校小組：陳劍聰 素聞 梁松盛 鄒偉才 虛白盧主

出版：心一堂有限公司

通訊地址：香港九龍旺角彌敦道六一〇號荷李活商業中心十八樓〇五一〇六室
深港讀者服務中心：中國深圳市羅湖區立新路六號羅湖商業大厦負一層〇〇八室

電話號碼：(852)67150840

網址：publish.sunyata.cc

電郵：sunyatabook@gmail.com

淘寶店地址：https://shop210782774.taobao.com

微店地址：https://weidian.com/s/1212826297

臉書：https://www.facebook.com/sunyatabook

讀者論壇：http://bbs.sunyata.cc/

網店：http://book.sunyata.cc

版次：二零一八年三月初版

平裝

定價：港幣　　二百五十八元正
　　　新台幣　　九百九十八元正

國際書號：ISBN 978-988-8317-94-3

香港發行：香港聯合書刊物流有限公司
地址：香港新界大埔汀麗路36號中華商務印刷大厦3樓
電話號碼：(852)2150-2100
傳真號碼：(852)2407-3062
電郵：info@suplogistics.com.hk

台灣發行：秀威資訊科技股份有限公司
地址：台灣台北市內湖區瑞光路七十六巷六十五號一樓
電話號碼：+886-2-2796-3638
傳真號碼：+886-2-2796-1377
網絡書店：www.bodbooks.com.tw
台灣國家書店讀者服務中心：
地址：台灣台北市中山區松江路二〇九號一樓
電話號碼：+886-2-2518-0207
傳真號碼：+886-2-2518-0778
網絡書店：http://www.govbooks.com.tw

中國大陸發行　零售：深圳心一堂文化傳播有限公司
深圳地址：深圳市羅湖區立新路六號羅湖商業大厦負一層〇〇八室
電話號碼：(86)0755-82224934

心一堂微店二維碼

心一堂淘寶店二維碼

# 心一堂術數古籍 珍本 整理 叢刊 總序

## 術數定義

術數，大概可謂以「推算（推演）、預測人（個人、群體、國家等）、事、物、自然現象、時間、空間方位等規律及氣數，並或通過種種『方術』，從而達致趨吉避凶或某種特定目的」之知識體系和方法。

## 術數類別

我國術數的內容類別，歷代不盡相同，例如《漢書·藝文志》中載，漢代術數有六類：天文、曆譜、五行、蓍龜、雜占、形法。至清代《四庫全書》，術數類則有：數學、占候、相宅相墓、占卜、命書、相書、陰陽五行、雜技術等，其他如《後漢書·方術部》、《藝文類聚·方術部》、《太平御覽·方術部》等，對於術數的分類，皆有差異。古代多把天文、曆譜、及部分數學均歸入術數類，而民間流行亦視傳統醫學作為術數的一環；此外，有些術數與宗教中的方術亦往往難以分開。現代民間則常將各種術數歸納為五大類別：命、卜、相、醫、山，通稱「五術」。

本叢刊在《四庫全書》的分類基礎上，將術數分為九大類別：占筮、星命、相術、堪輿、選擇、三式、讖諱、理數（陰陽五行）、雜術（其他）。而未收天文、曆譜、算術、宗教方術、醫學。

## 術數思想與發展──從術到學，乃至合道

我國術數是由上古的占星、卜筮、形法等術發展下來的。其中卜筮之術，是歷經夏商周三代而通過「龜卜、蓍筮」得出卜（筮）辭的一種預測（吉凶成敗）術，之後歸納並結集成書，此即現傳之《易

《經》。經過春秋戰國至秦漢之際，受到當時諸子百家的影響、儒家的推崇，遂有《易傳》等的出現，原本是卜筮術書的《易經》，被提升及解讀成有包涵「天地之道（理）」之學。因此，《易‧繫辭傳》曰：「易與天地準，故能彌綸天地之道。」

漢代以後，易學中的陰陽學說，與五行、九宮、干支、氣運、災變、律曆、卦氣、讖緯、天人感應說等相結合，形成易學中象數系統。而其他原與《易經》本來沒有關係的術數，如占星、形法、選擇，亦漸漸以易理（象數學說）為依歸。《四庫全書‧易類小序》云：「術數之興，多在秦漢以後。要其旨，不出乎陰陽五行，生尅制化。實皆《易》之支派，傅以雜說耳。」至此，術數可謂已由「術」發展成「學」。

及至宋代，術數理論與理學中的河圖洛書、太極圖、邵雍先天之學及皇極經世等學說給合，通過術數以演繹理學中「天地中有一太極，萬物中各有一太極」（《朱子語類》）的思想。術數理論不單已發展至十分成熟，而且也從其學理中衍生一些新的方法或理論，如《梅花易數》、《河洛理數》等。

在傳統上，術數功能往往不止於僅僅作為趨吉避凶的方術，及「能彌綸天地之道」的學問，亦有其「修心養性」的功能，「與道合一」（修道）的內涵。《素問‧上古天真論》：「上古之人，其知道者，法於陰陽，和於術數。」數之意義，不單是外在的算數、歷數、氣數，而是與理學中同等的「道」、「理」--心性的功能，北宋理氣家邵雍對此多有發揮：「聖人之心，是亦數也」、「萬化萬事生乎心」、「心為太極」。《觀物外篇》：「先天之學，心法也。……蓋天地萬物之理，盡在其中矣，心一而不分，則能應萬物。」反過來說，宋代的術數理論，受到當時理學、佛道及宋易影響，認為心性本質上是等同天地之太極。天地萬物氣數規律，能通過內觀自心而有所感知，即是內心也已具備有術數的推演及預測、感知能力；相傳是邵雍所創之《梅花易數》，便是在這樣的背景下誕生。

《易‧文言傳》已有「積善之家，必有餘慶；積不善之家，必有餘殃」之說，至漢代流行的災變說及讖緯說，我國數千年來都認為天災，異常天象（自然現象），皆與一國或一地的施政者失德有關；下

至家族、個人之盛衰，也都與一族一人之德行修養有關。因此，我國術數中除了吉凶盛衰理數之外，人心的德行修養，也是趨吉避凶的一個關鍵因素。

## 術數與宗教、修道

在這種思想之下，我國術數不單只是附屬於巫術或宗教行為的方術，又往往是一種宗教的修煉手段——通過術數，以知陰陽，乃至合陰陽（道）。「其知道者，法於陰陽，和於術數。」例如，「奇門遁甲」術中，即分為「術奇門」與「法奇門」兩大類。「法奇門」中有大量道教中符籙、手印、存想、內煉的內容，是道教內丹外法的一種重要外法修煉體系。甚至在雷法一系的修煉上，亦大量應用了術數內容。此外，相術、堪輿術中也有修煉望氣（氣的形狀、顏色）的方法；堪輿家除了選擇陰陽宅之吉凶外，也有道教中選擇適合修道環境（法、財、侶、地中的地）的方法，以至通過堪輿術觀察天地山川陰陽之氣，亦成為領悟陰陽金丹大道的一途。

## 易學體系以外的術數與的少數民族的術數

我國術數中，也有不用或不全用易理作為其理論依據的，如揚雄的《太玄》、司馬光的《潛虛》。也有一些占卜法、雜術不屬於《易經》系統，不過對後世影響較少而已。

外來宗教及少數民族中也有不少雖受漢文化影響（如陰陽、五行、二十八宿等學說。）但仍自成系統的術數，如古代的西夏、突厥、吐魯番等占卜及星占術、藏族中有多種藏傳佛教占卜術、苯教占卜術；北方少數民族有薩滿教占卜術；不少少數民族如水族、白族、布朗族、佤族、彝族、苗族等，皆有占雞（卦）草卜、雞蛋卜等術，納西族的占星術、占卜術，彝族畢摩的推命術、占卜術……等等，都是屬於《易經》體系以外的術數。相對上，外國傳入的術數以及其理論，對我國術數影響更大。

# 曆法、推步術與外來術數的影響

我國的術數與曆法的關係非常緊密。早期的術數中，很多是利用星宿或星宿組合的位置（如某星在某州或某宮某度）付予某種吉凶意義，并據之以推演，例如歲星（木星）、月將（某月太陽所躔之宮次）等。不過，由於不同的古代曆法推步的誤差及歲差的問題，若干年後，其術數所用之星辰的位置，已與真實星辰的位置不一樣了；此如歲星（木星），與木星真實週期十一點八六年，每幾十年便錯一宮。後來術家又設一「太歲」的假想星體來解決，是歲星運行的相反，週期亦剛好是十二年。而術數中的神煞，很多即是根據太歲的位置而定。又如六壬術中的「月將」，原是立春節氣後太陽躔娵訾之次而稱作「登明亥將」，至宋代，因歲差的關係，要到雨水節氣後太陽才躔娵訾之次，當時沈括提出了修正，但明清時六壬術中「月將」仍然沿用宋代沈括時的起法沒有再修正。

由於以真實星象周期的推步術是非常繁複，而且古代星象推步術本身亦有不少誤差，大多數術數除依曆書保留了太陽（節氣）、太陰（月相）的簡單宮次計算外，漸漸形成根據干支、日月等的各自起例，以起出其他具有不同含義的眾多假想星象及神煞系統。唐宋以後，我國絕大部分術數都主要沿用這一系統，也出現了不少完全脫離真實星象的術數，如《子平術》、《紫微斗數》、《鐵版神數》等。後來就連一些利用真實星辰位置的術數，如《七政四餘術》及選擇法中的《天星選擇》，也已與假想星象及神煞混合而使用了。

隨着古代外國曆（推步）、術數的傳入，如唐代傳入的印度曆法及術數，元代傳入的回回曆等，其中我國占星術便吸收了印度占星術中羅睺星、計都星等而形成四餘星，又通過阿拉伯占星術而吸收了其中來自希臘、巴比倫占星術的黃道十二宮、四大（四元素）學說（地、水、火、風），並與我國傳統的二十八宿、五行說、神煞系統並存而形成《七政四餘術》。此外，一些術數中的北斗星名，不用我國傳統的星名：天樞、天璇、天璣、天權、玉衡、開陽、搖光，而是使用來自印度梵文所譯的：貪狼、巨

門、祿存、文曲、廉貞、武曲、破軍等,此明顯是受到唐代從印度傳入的曆法及占星術所影響。如星命術中的《紫微斗數》及堪輿術中的《撼龍經》等文獻中,其星皆用印度譯名。及至清初《時憲曆》,置閏之法則改用西法「定氣」。清代以後的術數,又作過不少的調整。

此外,我國相術中的面相術、手相術,唐宋之際受印度相術影響頗大,至民國初年,又通過翻譯歐西、日本的相術書籍而大量吸收歐西相術的內容,形成了現代我國坊間流行的新式相術。

## 陰陽學——術數在古代、官方管理及外國的影響

術數在古代社會中一直扮演着一個非常重要的角色,影響層面不單只是某一階層、某一職業、某一年齡的人,而是上自帝王,下至普通百姓,從出生到死亡,不論是生活上的小事如洗髮、出行等,大事如建房、入伙、出兵等,從個人、家族以至國家,從天文、氣象、地理到人事、軍事,從民俗、學術到宗教,都離不開術數的應用。我國最晚在唐代開始,已把以上術數之學,稱作陰陽(學),行術數者稱陰陽人。(敦煌文書、斯四三二七唐《師師漫語話》:「以下說陰陽人謾語話」,此說法後來傳入日本,今日本人稱行術數者為「陰陽師」)。一直到了清末,欽天監中負責陰陽術數的官員中,以及民間術數之士,仍名陰陽生。

古代政府的中欽天監(司天監),除了負責天文、曆法、輿地之外,亦精通其他如星占、選擇、堪輿等術數,除在皇室人員及朝庭中應用外,也定期頒行日書、修定術數,使民間對於天文、日曆用事吉凶及使用其他術數時,有所依從。

我國古代政府對官方及民間陰陽學及陰陽官員,從其內容、人員的選拔、培訓、認證、考核、律法監管等,都有制度。至明清兩代,其制度更為完善、嚴格。

宋代官學之中,課程中已有陰陽學及其考試的內容。(宋徽宗崇寧三年〔一一零四年〕崇寧算學令:「諸學生習……並曆算、三式、天文書。」「諸試……三式即射覆及預占三日陰陽風雨。天文即預

定一月或一季分野災祥，並以依經備草合問為通。」

金代司天臺，從民間「草澤人」（即民間習術數人士）考試選拔：「其試之制，以《宣明曆》試推步，及《婚書》、《地理新書》試合婚、安葬，並《易》筮法，六壬課、三命、五星之術。」（《金史》卷五十一·志第三十二·選舉一）

元代為進一步加強官方陰陽學對民間的影響、管理、控制及培育，除沿襲宋代、金代在司天監掌管陰陽學及中央的官學陰陽學課程之外，更在地方上增設陰陽學教授員，培育及管轄地方陰陽人。（《元史·選舉志一》：「世祖至元二十八年夏六月始置諸路陰陽學。」）地方上也設陰陽學教授員，培育及管轄地方陰陽人。（《元史·選舉志一》：「（元仁宗）延祐初，令陰陽人依儒醫例，於路、府、州設教授員，凡陰陽人皆管轄之，而上屬於太史焉。」）自此，民間的陰陽術士（陰陽人），被納入官方的管轄之下。

至明清兩代，陰陽學制度更為完善。中央欽天監掌管陰陽學，明代地方縣設陰陽學正術，各州設陰陽學典術，各縣設陰陽學訓術。陰陽人從地方陰陽學肄業或被選拔出來後，再送到欽天監考試。（《大明會典》卷二二三：「凡天下府州縣舉到陰陽人堪任正術等官者，俱從吏部送（欽天監），考中，送回選用；不中者發回原籍為民，原保官吏治罪。」）清代大致沿用明制，凡陰陽術數之流，悉歸中央欽天監及地方陰陽官員管理、培訓、認證。至今尚有「紹興府陰陽印」、「東光縣陰陽學記」等明代銅印，及某縣某之清代陰陽執照等傳世。

清代欽天監漏刻科對官員要求甚為嚴格。《大清會典》「國子監」規定：「凡算學之教，設肄業生。滿洲十有二人，蒙古、漢軍各六人，於各旗官學內考取。漢十有二人，於舉人、貢監生童內考取。」學生在官學肄業、貢監生肄業或考得舉人後，經過了五年對天文、算法、陰陽學的學習，其中精通陰陽術數者，會送往漏刻科。而在欽天監供職的官員，《大清會典則例》「欽天監」規定：「本監官生三年考核一次，術業精通者，保題升用。不及者，停其升轉，再加學習。如能黽

六

勉供職，即予開復。仍不及者，降職一等，再令學習三年，能習熟者，准予開復，仍不能者，黜退。」除定期考核以定其升用降職外，《大清律例》中對陰陽術士不準確的推斷（妄言禍福）是要治罪的。

《大清律例・一七八・術七・妄言禍福》：「凡陰陽術士，不許於大小文武官員之家妄言禍福，違者杖一百。其依經推算星命卜課，不在禁限。」大小文武官員延請的陰陽術士，自然是以欽天監漏刻科官員或地方陰陽官員為主。

官方陰陽學制度也影響鄰國如朝鮮、日本、越南等地，一直到了民國時期，鄰國仍然沿用着我國的多種術數。而我國的漢族術數，在古代甚至影響遍及西夏、突厥、吐蕃、阿拉伯、印度、東南亞諸國。

## 術數研究

術數在我國古代社會雖然影響深遠，「是傳統中國理念中的一門科學，從傳統的陰陽、五行、九宮、八卦、河圖、洛書等觀念作大自然的研究。……傳統中國的天文學、數學、煉丹術等，要到上世紀中葉始受世界學者肯定。可是，術數還未受到應得的注意。術數在傳統中國科技史、思想史，文化史、社會史，甚至軍事史都有一定的影響。……更進一步了解術數，我們將更能了解中國歷史的全貌。」（何丙郁《術數、天文與醫學中國科技史的新視野》，香港城市大學中國文化中心。）

可是術數至今一直不受正統學界所重視，加上術家藏秘自珍，又揚言天機不可洩漏，「（術數）乃吾國科學與哲學融貫而成一種學說，數千年來傳衍嬗變，或隱或現，全賴一二有心人為之繼續維繫，賴以不絕，其中確有學術上研究之價值，非徒癡人說夢，荒誕不經之謂也。其所以至今不能在科學中成立一種地位者，實有數因。蓋古代士大夫階級目醫卜星相為九流之學，多恥道之；而發明諸大師又故為惝恍迷離之辭，以待後人探索；間有一二賢者有所發明，亦秘莫如深，既恐洩天地之秘，復恐譏為旁門左道，始終不肯公開研究，成立一有系統說明之書籍，貽之後世。故居今日而欲研究此種學術，實一極困難之事。」（民國徐樂吾《子平真詮評註》，方重審序）

現存的術數古籍，除極少數是唐、宋、元的版本外，絕大多數是明、清兩代的版本。其內容也主要是明、清兩代流行的術數，唐宋或以前的術數及其書籍，大部分均已失傳，只能從史料記載、出土文獻、敦煌遺書中稍窺一鱗半爪。

## 術數版本

坊間術數古籍版本，大多是晚清書坊之翻刻本及民國書賈之重排本，其中豕亥魚魯，或任意增刪，往往文意全非，以至不能卒讀。現今不論是術數愛好者，還是民俗、史學、社會、文化、版本等學術研究者，要想得一常見術數書籍的善本、原版，已經非常困難，更遑論如稿本、鈔本、孤本等珍稀版本。在文獻不足及缺乏善本的情況下，要想對術數的源流、理法、及其影響，作全面深入的研究，幾不可能。

有見及此，本叢刊編校小組經多年努力及多方協助，在海內外搜羅了二十世紀六十年代以前漢文為主的術數類善本、珍本、鈔本、孤本、稿本、批校本等數百種，精選出其中最佳版本，分別輯入兩個系列：

一、心一堂術數古籍珍本叢刊
二、心一堂術數古籍整理叢刊

前者以最新數碼（數位）技術清理、修復珍本原本的版面，更正明顯的錯訛，部分善本更以原色彩色精印，務求更勝原本。並以每百多種珍本、一百二十冊為一輯，分輯出版，以饗讀者。

後者延請、稿約有關專家、學者，以善本、珍本等作底本，參以其他版本，古籍進行審定、校勘、注釋，務求打造一最善版本，方便現代人閱讀、理解、研究等之用。

限於編校小組的水平，版本選擇及考證、文字修正、提要內容等方面，恐有疏漏及舛誤之處，懇請方家不吝指正。

心一堂術數古籍　整理　叢刊編校小組

二零零九年七月序

二零一四年九月第三次修訂

## 先天八卦　元空正運章

先天八卦立生成之體後天八卦申對待之用往來顯

卦爻之奇耦消長見陰陽之盈縮乾老陽而尊天上沛

風澤之施坤老陰而卑地下作雷山之附離東日門坎

水月戶山水去來依方而察雌雄乘合特此可知故乾

兑必須坤艮方名得配則震離見乎巽坎始是正交不

出卦故已清純再合符星尤羨垣局一路分明兩片拈

取其若到半路而他往何必求之有當面之反流不足

觀矣老陰而歸少陽少陰而輔老元或陰向陰而陽向

陽那堪入眼或縱入橫入縱不用勞心察其自何

而求從何而轉愛其此抱之順彼抱之逆無欺壓冲射

盡為主者用神尋得偶之正。舍失配之斜氣取清而不

取濁形貴秀而不貴頑局勢聚精多壯。支芽從老剝生。

龍降虎伏於左右紫橫環拱若雲雷朝峰取其對回黜、

穴觀其口開向水源流屈曲有情水環砂繞却是陰以

求陽直脈對穴方為雄金龍動於八面之山水

路流於念四之位原不止於四金四庫之說也若夫平

洋以水為龍格要不出一卦認朱雀之生旺喜其反之

不竭而顧我貴座下之低空取其朝迎漸高而向滿山

龍以九星認其蕭帶平地要眼眠倒旁看動氣切不可

以張之五星廖之九星牽強混八也却要大取小小取

大廣狹輕重。正變斜斜變正聚散緩急不可以喝形為

法必先去認脈格龍龍脈須察其陰陽山水則施其顚

倒如陽在水而陰在山名為一局之起順使陰在水而

陽在山喚作一局之起逆此之一山兩用正為四十八

局非妄指一山西就東就認為凖凖起起也若認穴惟以

窩鉗乳突蝦鬚蟹眼灣抱求之前後左右定之莫擬淺深只

要迎龍休云上下惟求受氣觀水廣狹指其遠近妙取

十字莫羞分毫認官鬼於前後辨花假之情形偽用偏

造之倒杖辨吉凶之當元合葬氣傷龍穴昭穆狹反子

孫人子最宜須知此地師莫浪依唯第其五向之要全

訣於三般卦挨加之用須要明其倒排方有雌雄相配

故天之兼用於人者因天廣大包容之故而其中有陰

配陽陽配陰之妙也。即地之不可兼天亦人之不可兼
地也緣地狹窄其陰陽獨自配合之故耳更有一家十
四一家十個。六合六神進神退神內神六吉即是六順。
外神六凶又指六合正却弔煞星符呵叱父母各尋顛
祿之迎净陰净陽要在八尺挨五挨右權賴一絲當元
倒順逆自具陰陽趨吉避凶九星之奧坐穴求卦有貴
者富貴兩全失元者災害並至總以此為立向消水之
秘收山出煞之訣至其三合五行雙山八煞盡將拋去
長生十二黃泉四個一概刪除緣長生三合乃子平之
用豈可混將以立向即黃泉八煞亦不能以為靈作陽
宅亦妄更不可假之以言地嗟乎人之不欲惟我所喜

我道是合人卻云沖若會時凶能變吉凶不知者吉轉遇
凶個中些子秘密只要口吃貪勢肯指山川並非大小
玄空神機雖藏於列籥古盤以定子午楊盤以过山向
穿山坐穴透地格龍蒹惟三三莫至七八無如自令虛
危之針路猶是唐虞躔次當年東方之七宿半自為北
地星辰歲經三千八百星移六卜兩宮令則箕一於牛
正陽如生參十五午中陰漸長天皇在寶居酉未宰初
太微坐翌卻移震入邵天市子癸之間衛極已雨之地
皆少微移未坤天輔入辛戌四生之地皆令宿之宗四
庫之中有帝星之臨是天運已有差移其星垣六改宮
度而近今執此以相地安能取驗運用豈可靈通蓋吉

凶興替之占悉由樞斗之權而升坐降煞之機盡倚太

陽之轉一十四節之陽氣蓋首取用二十四龍之乘配

參

法更玄靈占衰旺以三元乞運仍洛水之書認吉凶取

九宮生煞兼後天之位至於造命尤關於蓋莫學子平

八家要依果老星宗二至為樞兩分是乘當樞各有取

用遇平自尋其輔要思用之當天喜仇難之入地諸格

盡假殿廟亦詆縱逢晦朔皆為福若遇薄蝕要含補至

若陽基不似基气之凝結但貴宅象之粗雄一地二門

三衢四橋獨尊三元徵泰九曜倚一水則格真辨九龍

而立局只綠行地上惟賴門之一啟而收入卻以九宮

興廢只要尸立當旺以救衰放水用東西之兩卦先察

其坐向以施張導气迎受入於閨楊更喜房門之得地。

嶠屋旺而能興風入凶而發禍和樂宮無價之秘竅當

因位灯化以成灰游年無隽翻卦虛擲莫以九星層進。

而論高低休擬五行間架以為禍福聊人數語無非楊

公之秘句真機盡洩諸經之旨只為傳經刪改又將

卦訣皆失莫怪俚句參考却是玄空奧妙持此以警庸

師諒無不可存之以待後之學者必由是而學焉誰曰

非宜。

此經從青囊天玉寶照奧語中。發出句句真機字字是

訣讀者宜細心玩味幸毋忽諸 范峯汁識

平洋黠睛

古來妙訣自通神恐洩天機不肯陳我得仙人親傳授

救人貧孤救人貧下地先須觀太極太極既立兩儀分

四象八卦從此定三爻變動可詳推變來出卦陰陽錯

不久兒孫禍轉推元辰滴水為真蕎要將局氣深相配

徒與山家為有情竟如氷炭全無據元辰山局兩相合

但與山龍有錯雜得時則吉失時凶驗之舊坟響何據

水龍山向兩相交却與元辰相混淆穆然得令非為吉

孤寡即當嘆寂寥元辰山向水龍行一氣相親定顯榮

嗣續流傳千百世縱然衰運也興隆三百元辰五個吉

夫婦天然相配合九個子孫兄與弟互相投合多成貴

十個元辰災禍生移龍換骨始為精內極既立觀外朝

外朝皆吉福滔滔水滿周流不出卦兒孫金榜姓名標

水城寬抱也難裁吉凶無憑轉見衰惟我但求血脉路

五星三吉盡收來龍神局氣不相筴休道其中學問粗

只此兩般真妙理得時失令有榮枯先天運用本我心

始信當年向外尋一榻白雲在深處何愁世上少知音

伍

第一星 貪

第二星 巨

樞

離 櫂

第四星 文

第三星 祿

塔

坎 搖光

第七星 破

第八星 輔

主戈

玉

第五星 廉

衡

磻

第六星 武

圖隈

第九星

招搖

其性跰躔〇

星之所臨氣之所鍾上感下應化机

周流〇　　萬有調和二儀

巽　乾　震　兌　午

山用順而水用逆蔣註已明水用逆〇

而星仍用順蔣註未載此青囊之秘

訣即青囊之捷法也

上元山用一二三順水用九八七逆

而成十也九八七之中有一二三之

星故云星仍用順〇

一運　丑未　二運　辰戌　三運　丑未　庚甲

四運　乙辛　五運　庚甲　六運　未丑

七運　乾巽　八運　壬丙　九運　丙壬　庚坤
周甲　辰戌　即坤

此皆山向之星交戰主傷丁敗財

假如下元甲子甲戌二十年造午向以七八中宫挨至
午是二乃午字變坤字了再將午上二八中順挨三在
乾此方有龍為得令四在兑此處有水為不得令以四
亦龍位也五在艮此處分作五十看六在離七在坎此
處有水大如何也合四吉水也○如作酉向以七八中
挨至兑是九再將九字八中為陰逆挨飛出八在乾七
在兑其乾方謂之伏吟方何也兩次數至其處摁是八
也此方在得時得令反能發福一過時令勃然有禍且
死於非命如此艮卦犯之傷毘其餘倣此

第壹皇極圖陽盤

天數五為陽
滿盤都是順
走母論東西
南北四正四
隅無一不歸
五也三元九
運顛之倒之
搋不離於五
字兒所謂數
往者順也

五戊
己

第貳　皇極圖　陰盤

地數五為陰滿　右九星先後天合排

盤齊送一家骨

肉揑歸其主所

謂倒排父母陰

龍位子息芷君

推是也。

如人之父母望東

子亦望東母望西子

亦望西若一反背兄

弟妻子離散則家道

武微岳

五己
二八

一六八運
星宇

三四
六八
運
星宇

七一運
星宇

至
九
四運星
四五九宇

三九
六運
星宇

## 邵子天根月窟方圖穿出先天河洛理數陰陽交會之圖

本圖第一層
天地定位否
泰及損第二
層山澤通氣
損益見遇第
三層既濟未
濟水火相射
第四層鳳來
相薄恒益起
之數皆先天
之數地缺東
南一屬己巳
加一屬己
為後天三元
九運奇通以
五居中兩畫
線為陽黑線
合東莫龍河
洛十五數可
見爲

### 圖全星天運九出化圖方子邵

黑綠分方位智氣云行○紅綠則運之卦氣所由分○

說卦傳曰天地定位山
澤通氣雷風相薄水火
不相射八卦相錯數往
者順知來者逆

冬圜子悟先天無九所謂
九字合玄空因地缺東南
故此補東南一曲尺合先
天九數配出後天九曜星
辰雌雄交會所以畫出紅
線為陽黑線為陰一順一
逆可通後天三元九運全
局

以更化畫為順　遞接排兩圖　本此算法　陰陽的真　可見

九　八　七　六　五　四　三　二　一

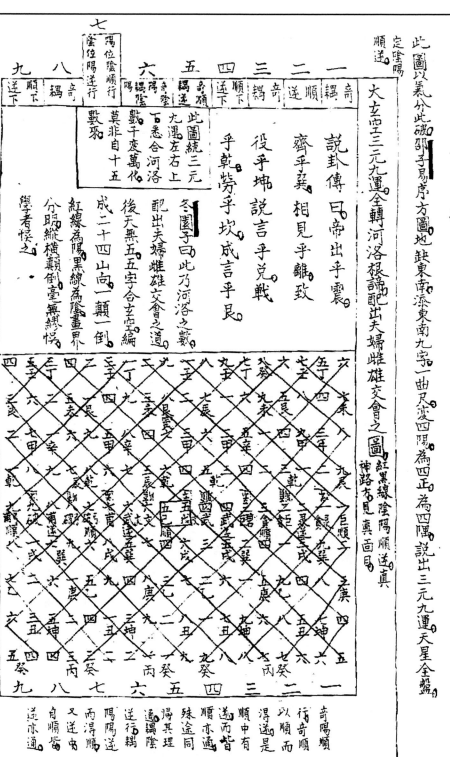

此圖以氣分此破邵子易序方圖地缺東南添東南九宮一曲尺皮四陽為四正為四隅說出三元九運天星全盤

順送　定陰陽

大玄空三元九運全轉河洛銀諭配出夫婦雌雄交會之圖

此圖統三元九運左右上配出夫婦雌雄交會之道後天無五五字合玄空編

紅黑線陰陽順送真　神路方見真面目

說卦傳曰帝出乎震
齊乎巽　相見乎離致
役乎坤　說言乎兌
乎乾勞乎坎成言乎艮

冬圖子曰此乃河洛之數成二十四山向一顛一倒
紅線為陽黑線為陰畫界分明縱橫顛倒豈無緣悞
學者悞之

七　陽位陰順行
九　送下
八　順下
六　顛
五　音陰
四　順送下
三　顛
二　順送下
一　音

奇陽順
行奇順
送中有
得其理
通顛隅
順亦皆
殊途同
順送中
通顛隅
陽陽送
兩得順
又送由
自順皆
送亦通

直指三元九運星辰打結圖

五運庚壬乙辛

東西挽　亦可云西東挽

南北挽　壬丙二壬　癸丁二癸　關九運　俱做此　四挽圖

圖中數亥
未定方位
俱可陰可
陽如中宮
七三亥七
三亥七在
西三在東
未定方
東未定方
倚陰陽上
立空未定
坐山朝向
未凖何西
何東也

九　此九運
三元搖以
定九州分野
時術誤

運　美民歌
占陽之
說但以

橫
圖亥

竪法已寅
其中通
通分出南
北東西寄
偶相配雌
雄交媾綫
橫顛倒

九　接九星
以定九州
分野出河
洛揆底
三元九運

運　運可
除其字玄
空如除其
字玄空
其秘五
寅之陰
陽可見

此四圖穿

為五運
壬丙丙
則誤

冬圜子巳以五字分陰陽而定其氣以按方位氣有一定陰陽自能來變中明其變

如其不變每一字析兩用方悞其秘〇三元九運成數已盡于此以之入中宮定

不出乎此四圖橫通各用故此用順行實亦不同如一順一逆則能是五運山向

玉

天挒在
此一句　一四七　二五八　三六九　四七一　五八二　六九三　七一四　八二五　九三六

巽乾挬　亦可云辰戌挬

坤艮挬　亦可云丑未挬

| 一四七 |
| 二五八 |
| 三六九 |

顛顛倒
倒可推

須礼中
南宮五
北東一九
西東三
東西北七
西南
東北
四挬南
洛四
書仍
按圖二四八六運運運運

九運左斜圖

此四圖即前人有謂一四天機密不可說之義兇

六四
五
二九
戊巽乾

九運右斜圖

坤丑
八二
五
四七

得此四圖謎而不悟徜奈九曜窓下十年未能得竅幸喜

冬園子先生所傳指點甚明却是前人有謂一四七之謎

糊得此一訣恐久而羞故筆於書

## 天驚訣

九宮八卦貴乘時能辨天心穴易知當日景純傳妙訣

陰陽黙破萬般竒天　根月窟真消息倒地翻天如變棋

強把山川來縛佳其人不曉此中詞　玄空天卦更玄

玄石破天驚不易傳天卦在中真達寶陰陽雨路逐元

逼九宮渡起雌雄異要合天心造化秘江左凡師多錯

辨干支位上細猜疑　立極中行各主張五六七八任

飛揚排來向上分顛倒調佈中宮妙異常旺殺死生天

卦辨陰陽順逆細推詳五行不在于支上隨得天心各

換方

名非有定星隨氣變出用順而水用遂而星仍用順在

合

山山上起在水水中輪地盤總順法將所塟之年何運

入中順飛到向上得何星卦即將此星卦入中飛去陽

順陰遜是為天盤如地盤上飛五黃到宮後天無五故

為虛位為之玄空將先天天數五為陽順排地數五為

陰倒排自然分出陰陽順遜如五到坎宮壬為陽屬戌

為順佈子癸為陰屬己要倒排楊公云倒排父母養真

龍夫婦達天聰是也假使當令乘時伏吟反吟俱不忌

如一白運中丙山壬向順佈為伏吟或子山午向癸山

丁向逆佈為反吟更有六運中巽向為順佈即伏吟辰

向為逆佈即反吟

丙山二七六
壬高九五
壬高四三八
順佈為伏吟

一運

癸山八三四
丁向六七二
逆佈為反吟大凶

宮逢本宮星辰為伏吟星尅宮為反吟乘時吉背時凶

## 掌上飛宮訣

中黃二十年辰戌丑未寅在乾坤艮巽丙上中十年旺
丑戌下中十年旺辰未又遇丑戌年有水旺上中二十
年凶或遇辰未年中下即旺六句運有坎水為催宮水
有離峰力加十倍

此句有候九逢六西長房有
血痂何得離峰力加十倍
下元九紫

運有巽水在九紫運內為四九為友又有乾峰力加十
倍無峰少加八宮有水無峰為無氣此處有一乾字則
有財無丁矣此即不却

歌曰

中宮飛出乾
邵與兌相連
艮離尋坎倍
坤震巽同安

坤二兌七乾六
離九中五坎一
巽四震三艮八

陰陽順逆妙難窮
吉凶過半在飛宮
若能了達陰陽理
天地都求一掌中

從坎向坤為順

從坎向離為遞

排山　六七八九

掌訣　四三二一

須識排山掌　陰陽順遞行

坎坤由去順　九八遞行程

陽五為順　一卦　二艮　三甲　四辰　⑤戌　六戌　七庚　八丑　九丙

陰五為遞　九　八　七　六　⑤　四　三　二　一

## 陰陽消長之圖

暗藏八煞

坎龍坤兔震山猴
巽雞乾馬兌蛇頭

邵子詩曰。

耳目聰明男子身。
洪鈞賦子不為貧。
須探月窟方知物。
未躡天根豈識人。
乾遇巽時觀月窟。
坤逢雷處見天根。
天根月窟閒來往。
三十六宮都是春。

陽消陰息。
陰消陽息。
不消本息。
惟淺乃息。

陽盡陰生。
陰盡陽生。
不盡不生。
惟盡乃生。

夏至月窟一姤卦午五月

艮虎離猪為煞、曜犯之墓宅一齊休。
如坎宅坎山遇辰水辰敞了义路破屋等類。即然不可犯之。

天心正運圖

先天八卦查氣用於穴中。

後天八卦看形用於外象。

內為先天。外為後天。

河圖辨陰陽之交媾。

洛書察甲運之盛衰。

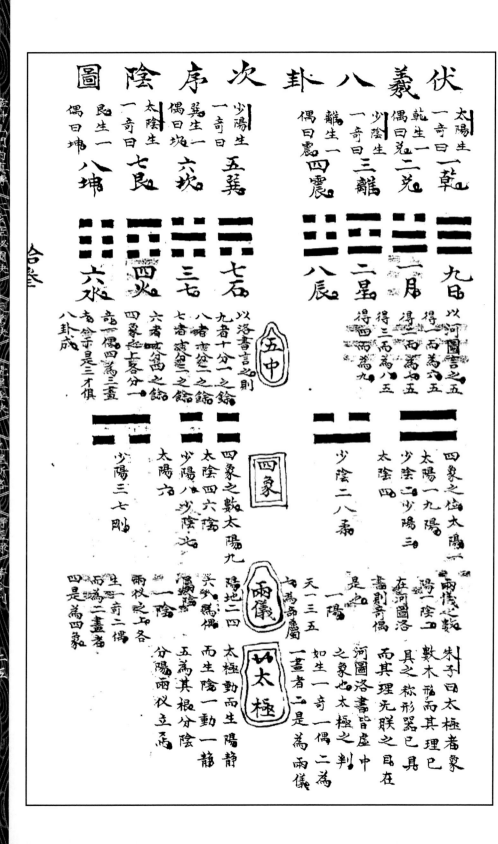

伏羲八卦次序陰圖

太陽生
一奇曰一乾
乾生一
奇曰二兌
兌生一
偶曰二兌
少陰生
離生一
一奇曰三離
偶曰四震
少陽生
巽生一
一奇曰五巽
偶曰六坎
太陰生
坎生一
六坎
艮生一
七艮
偶曰八坤

一乾　二兌　三離　四震　五巽　六坎　七艮　八坤

九日　八月　二星　八辰　五巽　三七　六坎　七石　六水

以河圖言之五
四象之偶太陽一
太陽一九陽
少陰二少陽三
太陰四
在河圖洛書皆虛中
之象也太極之判

以洛書言之則
九者十分一之餘
八者近全二之餘
七者減二之餘
六者近半之餘
三才俱
八卦成

五中

四象

兩儀

太極

朱子曰太極者象
數木離而其理巳
具之稱形器巳具
而其理无朕之目在

少陽三七剛
太陽六
少陰二八柔

河圖洛書皆虛中
之象也太極之判

天一三五
七為奇為陽
一畫者二是為兩儀

是也
一陽

兩儀之數
太極動而生陽靜
而生陰一動一靜
五為其根分陰陽
一陰
兩儀之上各
分陽兩儀立焉

四象之數太陽九
陽地二四
太陰四六陰
奇一奇一偶
而為偶
五為其根分陰
各

少陽三七剛

二五

# 文王八卦次序圖

乾道成男

乾父
乾純陽至健
天象也萬物
資始有父道
通為

良坎震

震長男
故謂震長男
震一索得男

坎中男
故再索得男
坎再索為中男

良少男
故三索得少男
良三索得男

得初爻
得乾中爻
得乾上爻

男本坤体各得
乾陽而成此陽
根於陰乃歸之
於坤也

坤道成女

坤母
坤純陰至順
地象也萬物
資生有母道

兌離巽

巽長女
故謂巽長女
巽一索得女

離中女
故再索得女
離中女

兌少女
故謂少女
兌三索得如

得坤初爻
得坤中爻
得坤上爻

女本乾体各得
坤陰而成此陰
根於陽乃歸之
於乾也

天玉青囊知者希世人間度法全遵

二十四位前川陰逆挨星法

陰陽兩片分開錯　山水三辰金合非

甲庚壬丙乾坤艮巽寅申巳

正運天心皆妙理　元空卦象乃神机

亥　十二陽位俱順挨

九星挨轉如何用　奧語篇中有訣依

乙辛丁癸辰戌丑未子午卯

即十二陰位俱逆行

一個四維經講

法先將辰當元星辰入中分

未精諸家

出陰陽一順一逆分佈八方

註解又何

在山山上起在河河上輪各

揚不知義

將山上河上星辰再入中挨

旺死生義

到河上有當元令星為真

妄指陰陽

將星數入中　向乾而挨為順

左右行江界東

向巽而挨為逆

西分一二卦推父母認零正三元不出方

合法寶照揚公說最明右咏羅經二首

范半池

挨

指点元空訣。

呼來方得數。

星

順逆陰陽取。

九宮星斗轉。

翻天倒地尋。

配去覓。

順

知音挨。

排奇偶。

逆

分正運。

總

辨天心。

先將所葬之年何運

中分佈到山上向上

再將山上向上某數

入中逢逆逆挨逢順

順挨得當元令星到

向為妙

將當元星入中挨出

為地盤再將山上向

上是辰挨到向上為

天盤

合十

| 震 | 坤 | 坎 | 離 | 艮 | 兌 | 乾 | 中 | |
|---|---|---|---|---|---|---|---|---|
| 九 | 八 | 七 | 六 | 五 | 四 | 二 | ㊀一 | 貪 |
| 二 | 三 | 四 | 五 | 六 | 七 | 八 | 九 | |
| 一 | 九 | 八 | 七 | 六 | 五 | 三 | ㊁二 | 巨 |
| 三 | 四 | 五 | 六 | 七 | 八 | 九 | 一 | |
| 二 | 一 | 九 | 八 | 七 | 六 | 四 | ㊂三 | 祿 |
| 四 | 五 | 六 | 七 | 八 | 九 | 一 | 二 | |
| 三 | 二 | 一 | 九 | 八 | 七 | 五 | ㊃四 | 文 |
| 五 | 六 | 七 | 八 | 九 | 一 | 二 | 三 | |
| 四 | 三 | 二 | 一 | 九 | 八 | 六 | ㊄五 | 廉 |
| 六 | 七 | 八 | 九 | 一 | 二 | 三 | 四 | |
| 五 | 四 | 三 | 二 | 一 | 九 | 七 | ㊅六 | 武 |
| 七 | 八 | 九 | 一 | 二 | 三 | 四 | 五 | |
| 六 | 五 | 四 | 三 | 二 | 一 | 八 | ㊆七 | 破 |
| 八 | 九 | 一 | 二 | 三 | 四 | 五 | 六 | |
| 七 | 六 | 五 | 四 | 三 | 二 | 九 | ㊇八 | 輔 |
| 九 | 一 | 二 | 三 | 四 | 五 | 六 | 七 | |
| 八 | 七 | 六 | 五 | 四 | 三 | 一 | ㊈九 | 弼 |
| 一 | 二 | 三 | 四 | 五 | 六 | 七 | 八 | |

山情水意不同圖。

識得玄空奇妙訣。　方知此理勿差訛。　明郤是揚八真妙訣。

順逆挨排趨兩途。　此法對不同三字透。

挨星之龍水龔四吉四凶反篤四吉四凶指方位而言
是死的挨星是活的如上元一二三四之山配九八七
六之水此兩句厚本說反。

山上排龍一二三四要　九八七六挨上此一逆一順之說

如九八七六上元山上龍神也此處有龍得令妙有水

不得令是謂山上龍神不下水主傷下　水裏龍神

六七八九要挨一二三四又是一逆一順

如一二三四上元水裏龍神也此處有水妙有龍不可

是謂水裏龍神不上山也主敗財　　故曰山上龍神

不下水　　水裏龍神不上山用此量山與步水百里

河山一向間

如上元要挨一二三四之水要配七八九六之龍下元

用九八七六之水要配一二三四之龍倣此推斷又有

一法假俠壬山丙向乾坎艮震為山上龍神與離坤兌

為水裏龍神各是一半山是山而水是水方不混

真正玄空大卦五行生成圖訣

三元納河洛
理數原派正
八神之祖可
謂三般卦訣
江東一卦從來吉八神四个一
江西一卦排龍位八神四个二
南北八神共一卦端的應无差

子午邜酉乾坤艮巽
為天元即四卦

乙辛丁癸寅申巳亥
為人元即四卦

辰戌丑未甲庚壬丙
為地元即東卦

天人兩卦可以兼用
惟地元獨用

能兼子午為內出卦　如薰亥巳凡出卦矣

地卦則能兼三度為妙　如壬山丙向則

合壬夫

東西正零八神

父母子息納河洛

洛理數之原派

真正玄空卦法

紅線正　神取龍水

中五

天一生水地六成之地二生火天七成之

天三生木地八成之地四生金天九成之

一六共宗　二七同道

三八為朋　四九為友

名為正神是真正夫婦

雌雄交會之道

合五　合十

名為零神同氣連枝

合五　合十五

一家骨肉之理

一運丙山壬向排山水法

子午同

內排
山順
挨
外排
水逆
挨

五順六逆 二

一白起五六七八九一二
三四為順五四三二一九
八七六為逆星順則順佈
星逆則逆佈

一運癸山丁向排山水法

子午同

二 六順五逆 二九

此法即北斗七星去打刦宮
宮要相合如本宮有九逢七
來為去打刦若本宮有七遇
九來為來打刦而傳為妙

## 一運向圖

向　六七二　甲
向　一五九　丑艮

向　三七　八　乾亥
向　一二六

向　一五六　艮寅
向　三七二　甲

向　八九四　坤未

向　六一二　辛戌
向　四五九

向　五九一　庚酉
向　七二六

向　一六坎

向　二六七　壬
向　四八三
向　九一五

向　七二三　巽
向　九四五

向　二六一　正向
向　七八四

向　七二三　巽
向　九四五

向　九四五　丙
向　五六一

向　三四八　午

一白運內用午丁兩向。須本向有水

又要戌乾亥庚酉辛丑艮寅上水。此
是進氣

為上吉地。次用丑向。須本向有水。此

要庚酉辛戌乾亥上有水。又
進氣

再用酉辛向。須本向有水。又要

戌乾亥上有水。上為中吉。

此上元甲子用康熙二十三年交一運。

## 二運向圖

向　二六七／四八三／九二五

向　九四五／二六一／七八三

向　四八九／六一五／二三七

向　七二三／九四八／五六一

向　六一二／八三七／四五九

向　八三四／一五九／六七二

向　一五六／三七二／八九四

二七坎

向中旺

二黑運丙未為正向須向上有水又

要兌震離水為上吉地

次用庚向須本向有水又要乾震　武水

坤上有水為中吉地

二七同道

用乾向須要本向有水為零星

到向方為大吉

此上元甲申午用康熙四十三年交二運

三運向圖

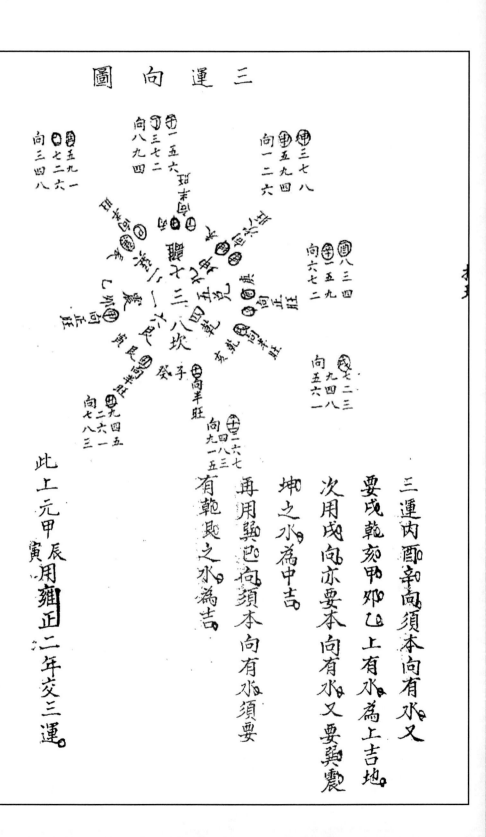

三運內酉辛向須本向有水又
要戌乾亥甲邓乙上有水為上吉地
次用戌向亦要本向有水又要巽震
坤之水為中吉
再用巽巳向須本向有水須要
有乾巽之水為吉

此上元甲辰寅用雍正二年交三運

# 四　運　向　圖

四運內用辰向為正向須向上

有水又要震坤之水為上吉地

次用乾艮向須向上有水又要離

與震水為中吉地

再用庚向須本向有水又要坎坤

二水亦為中吉

此中元甲子戌用乾隆九年交四運

# 原本五運向圖

中元甲申十年丑戌為正局酉辛午丁次之。

中元甲午十年辰未為正局邜乙子癸次之。

戌向要向上有水。須
要離見乾四宮水全

丑向向上
有水又要
戌辰卯上
有水

戌向要本向
有水又要
震坤上有水
此為上吉

辰戌丑未之水是為五黃格

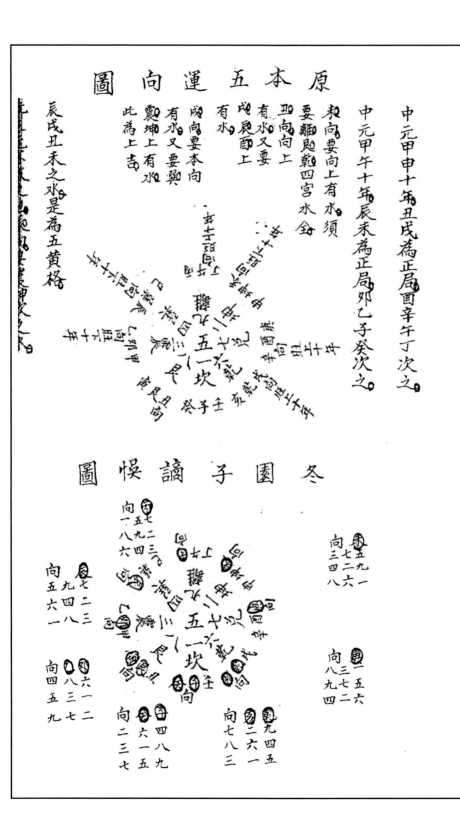

冬園子讀慎圖

# 六運向圖

辛向 六一二
酉向 八三七
庚向 四五九

戌向 二六七
乾向 四八三
亥向 九一五

壬向 一五六
子向 三七二
癸向 八九四

丑向 四八九
艮向 六一五
寅向 二三七

甲向 八三四
卯向 一五九
乙向 六七二

辰向 七二三
巽向 九四八
巳向 五六一

丙向 五九一
午向 七二六
丁向 三四八

坎 一六二

同次吉

六運內戌向為正向須本向有水要

七八九之水為上吉地

甲向要本向有水又要七八之水為

中吉地

坤申向要本向有水又要七八九之

水為中吉地

此中元甲辰寅用乾隆四十九年交六運。

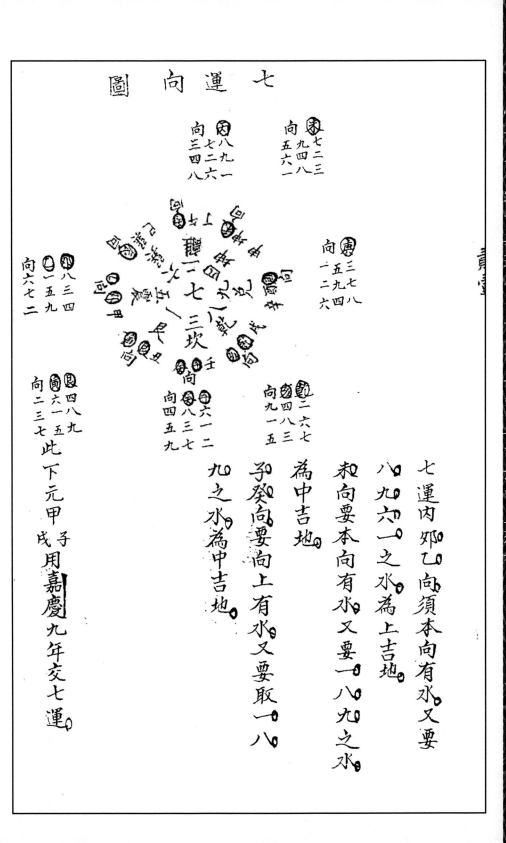

七運向圖

# 八運向圖

向
八 三 四
一 五 九
六 七 二

向
六 一 二
八 三 七
四 五 九

向
一 五 六
三 七 二
八 九 四

向
四 八 九
六 一 五
二 三 七

向
三 七 八
五 九 四
一 二 六

向
九 四 五
二 六 一
七 八 三

向
五 九 一
七 二 六
三 四 八

八四坎　三　二

子癸丑旺　同次旺

八運內用丑向為正向須要一九二
水為上吉地

次用壬向要向上有水又要一九二
之水為中吉地

午丁向要向上有水又要一二九之
水為中吉地

此下元甲申午用道光四年交八運。

## 九運向圖

向
九七八
一

因
七二三
九四八
五六一

向
七二六
二六一
八一五
三

水
九四五
二六一
八一三
三五

向
五九
三四
一八

因
一五
三七
二

向
八九
四

向
五九
七二
三四
八一

因
四八
六一
一三
九五七

向
二三
六一
五九
七

向
六二
一五
八三
九七
四

向
四五
二三
六一
九七
七

向
八三
四

向
六二
一五
八三
五九
七

向
四五
二三
六一
九

九運內用丙向為正向須要本向有

水要用一二三之水為上吉地

庚向要向上有水又要取一四之水

為中吉地

此下元用甲辰寅于道光二十四年交九運。

呼星圖訣

用呼星法隨向上直達不必八中

得一呼一得二呼二如上元一運甲

山庚向向上挨看三碧庚上有畏自

屬貪狼一數即從一數直達不必

入中假使一運中甲癸中不八中

二運中坤壬乙不入中三運中子

未卯不入中其餘倣此

冬園子語此法不能却真不必

重之

## 歌訣

甲癸申貪狼一路行

坤壬乙巨門從頭出

子未卯三碧祿存到

巽辰亥盡是武曲位

戌乾巳文曲共廉次

艮丙辛位位是破軍

寅庚丁依例作輔星

午酉丑右弼七八九

### 九星五行所屬

一貪狼水　二巨門土　三祿存木

四文曲水　五廉貞火　六武曲金

七破軍金　八左輔土　九右弼火

五黃廉貞土　金火木水頼以成覽一

得五為六為水二得五為七為火三

得五為八為木四得五為九為金五

遇十而成十五為土

右經奧語云坤壬乙文曲從頭出艮丙辛位位是破軍
巽庚癸盡是武曲位乾甲丁貪狼一路行此不重九星
而重水火金木不過借九星之名顯五行之性分佈四
右而成三合雙山者也今此奧語是後之君子易其歌
訣成三元之正運為陰陽之紀綱本是河圖坎一坤二
震三分為上元巽四中五乾六分為中元兑七艮八離
九分為下元以上元甲子坎宮來中元四綠順行流下
元甲子起自兑也於是坎得一數五行之首也斗之魁
貪狼也領坤震及十二支共主宰乎三元甲子正運五
行生旺之氣即分坎之子癸引坤之子申震之子甲而
歸於己同屬貪狼故上元立挨星局以甲癸申起貪狼

之位。其坤未鳩合震三。而受坎之子壬震之子乙同屬

巨門循環紐組合共理上元衰旺之事也。○中元四緑說

中五及乾六掌中元甲子正運五行生旺之氣於是用

乾之武曲為巽之對待故中元立挨星局而以乾巽六

起武曲以立守鎮中宮繼天立極御制四方利於建立

郁宮陵寢則威揚八表召其威福若非此中五而下直

向者必罹其害慎之如別運正可用其本運之直向耳。

○下元兌七主事統艮八離九主宰於下元甲子正運

五行生旺之氣而兌分己之子弟寄於離引離之子丙

艮之子丑艮同屬破軍而離之子丙得兌之子庚艮

之子寅同屬右弼司下元之代謝故下元立挨星局以

兌辛艮丑兩起破軍謬矣先天庚癸橫起宕弼也圖見上元

局惟中元乾巽挨星正運干支不相假借者何也因中

五廉貞間於其中也○又上元之祿存中元之文曲下

元左輔右弼未能班序於挨圖此作家之啞謎而有天

地自然之理然以九數分三如叙一家骨肉而分統三

元正運生死衰旺之氣而其坎一又為三元之紀綱九

星之首領中元下元不可置之勿論也其離九又為首

領陰陽之對待收攝元運之化機故得離九生旺之氣

皆有三元不敗之妙義所云丙午丁三陽永向盡源流

富貴永無休是也

八方三元氣運旺衰定局圖

上元六十年

中元六十年

下元六十年

生旺衰死

坎統運　艮煞　震衰生　巽生離死刑　坤死　兌敗　乾敗

巽運統　離生　坤死別　兌煞逆　乾煞逆　坎敗　艮刑　震旺

兌運統　乾旺　坎生　艮敗　震旺　巽死刑　離煞逆　坤敗

當元者為旺　將來者為生方　過者為衰　過去者為死洛

書三角共十五數戊己在卅戊居左己居右戌為五己

為十亦成十五數

坤壬乙巨門從頭出巨門二數以三入中遂得己為五

故遂

午父母卦用……

子午卯酉……乾艮巽……父母天進圖甲庚壬丙辰戌丑

未為地卦乃父母卦之逆子也○乙辛丁癸寅申巳亥

為人卦是父母之順子也父母卦與順子一卦左轉惟

逆子一卦右旋此前兼後兼無元三卦之父母也子息

兼父母為順父母兼子息為逆

## 星訣

一用六二用七三用八四用九令星皆在坎順挨去九

用四八用三七用二六用一令星皆在離逆挨去

假如六運用一八中逆佈丙順佈子癸

武右　順佈寺癸六白入中至子

曲左　是二乃武右曲左

武左　逆佈丙向六入中向巽輪至丙是二未

曲右　與丙對巽文曲坤武曲是武左曲右

驗

六運艮山坤向坤水震巽水池又有小水消巽方去即

財退長房癱瘋死四在巽五在震六在坤不能出煞故

也〔六運八三一二　坤向四五九　四五退病又在　退氣方故也〕

六運巳山亥向兊乾水六在乾〔亥向　六運一七九　八五二四　三六〕

六運初葬乙

五在兊不能出水發之不火〔亥向　六運三七九　八五四二　三六〕

辛巳亥向兊水乾水去墓下即發〔六運二六三　亥向四八五　向九一五〕

四運甲山庚向乾兊水坎方堆二墩四五運大

發六運必敗無墩三元不敗之格〔六運初葬乙　亥向發杜玉林　在華利灣〕

四運〔甲山九四五　庚向七六一　三〕二運巳山亥向兊乾壬水三元不

敗之格　二運〔巳山　亥向〕三運癸山丁向離艮乾

旦看古來

卿相地平　巽水二四五六皆發七運

洋一穴勝
千峰

房發　秘中堂瑛祖坟
　右軍峰山

三運　發山　發向
　　　　　向
一五五
八旦七二
九四

七運庚山甲向乾坎水大發育艮水則敗七運　庚山
　　　　　　　　　　　　　　　　　甲向

良為催絀故主敗
八三四
一五九
六七

八卦屬物
乾馬
坎龍艮狗虎　震猴巽鷄
離豬坤牛兌羊蛇

八卦屬身
乾首坤腹震足艮手坎耳離目巽股兌口

天干屬身
甲首南目癸足壬心巳喉　庚肺辛小腸垂膀胱戊巳脾胃

地理飛星要訣

五三

上元要一二三之山配九八七之水按星之龍水與四吉四凶反寬

中元要四五六之山配六八四之水按水上排龍捉要浮令為始如上元配九

下元要七八九之山配三二一之水也八七之水須按上四五六七下元三二一之水須按上一二三四中元六八四之水須按上一九

上元要一二三得令中元四五六得令下元七八九得八七六所謂下元七八九得令合時吉背時凶
令

山本二十四一順一逆逐成四十八局其法要以令星
入中順挨至向上得某數即以某數入中分順逆排去
山水合時則吉山水背時則凶總要山水同元而當令
如上元一二三只可用一二三不可用四五六七八九如
水上尚上用一二三山上亦要一二三所謂山水同元

必中元四五六...山上尚上只可用四五六若遇一

代引

二三七八九災禍立見矣下元用七八九只可用七八

九不可雜用四五六一二三然非在地卦上着眼安在

天心上查假使坎上上元有坎水中元得離兌以地卦

而言本不可用若將天心九氣輪換則元運及時之合

星揆在凶水之上及能化凶為吉矣餘可類推

將令星順排到山即為山龍又中分順逆轉到水上即

為水神山水共得同元之令星方為全美

將令星順行到向得一呼一得二呼二即以其數入中

遇數之卦陽者於中取數順行遇數之卦陰者於中將

數逆佈

卦內有三字三字中各有其數如壬子癸一卦壬屬二

陽順行子屬三陰逆走癸屬一亦陰又要逆走矣如未

坤申一卦未屬三陰要逆挨坤屬二陽要順佈申屬一

陽又要順行矣

如遇二呼坤壬乙坤宮兩傍只有未串並無壬乙用坤

自然巨門用未申則非矣未三申六原在坤中撥屬上

元一元之天心是你一家眷屬也故曰非巨門而與巨

門為一例四五六七八九皆然五黃屬土以戌巳代之

戌屬陽數五　　　　巳屬陰數十

　　　挨九星歌名號

一六原來共祖宗巨破兩星脈自通（即一六共宗）（即二七同道）三山失

却朋八向四友窮途哭九龍（即三八為朋）（即四九為友）五十中央無所

去辰戌丑未艮坤申九星挨得符河洛天地生成福萬

重

## 九星名號

貪狼為魁星巨門為病符之星祿存為好勇鬥狠之星

文曲為文昌之星五黃為大煞武曲為孤獨之星破軍

為肅煞劍鋒之星左輔為小口之星右弼為火星

## 向法

如典語呼著某數即得某數入中倘遇震兌午丁乾艮

等處得數入中如兼法須隨時酌用假如六運用巽乾

或辰戌或巳亥向者甚多在初運用巳亥正向不兼壬

亦不兼乾此為直向初年不利到甲寅方可如兼乾三

分即將亥上七入中逆挨初年自利將交下元　即退敗

并少子息　如兼壬仍作亥　○如作乾向不兼亥戌將七

入中兼亥同如兼戌為向首錯亂兼三分猶可多兼即

為巽山巽向因向上一陰一陽之故耳○六運乾向依

地盤挨去是七到乾再以七入中逆挨到乾是六此為

令星到向亥向亦同六運若作戌向以七入中順挨到

乾是八此謂令星不到向即失元耳故六運作乾向只

可兼亥不可兼戌

| 六運 | 一五六二 | 八四九 |
| 向八九四 |
| 向六二五一 |

向之兼者填其水

如兼向合者兼五度不可兼者不兼為上何也不兼則

富貴發足兼則髮兇如兼亦可不兼亦可兼三度發雖

還屍亦可怒久殖死令裡在向上即在向上道挨

不必入中如六白運作邓向邓上地盤揆得巽字即呼

巽辰亥盡是武曲位武曲六數是令星即在向上直起

不用入中則六在震七在巽八在中 六運邓向巽為主屬陽故順行

地三八七　四為巽為
盤五四九　斗曲六數　六運用邓直向 七三五一九 六二四 邓上起武曲

向上過直元令星用直向則裝在向直起呼某數不必

入中輪揆若用兼向仍以向上得某數入中要揆到向

六運用邓直向得震巽水六在震七在巽發四十年丁

財也 兼一二度 為直向

坎離無定局一運六入中六運用一入中為一六共宗

惟坎之向爲代替法替出亥字矣

坎離無定作向與他卦不同假如六白運用一入中逆

佈令星在丙用順擡令星在子務此為生成法<sub>六運一八</sub><sub>中逆佈</sub>

令星在丙<sub>一入中</sub><sub>順佈</sub>令星在子務

上元一二三不歸中中元四六不歸中五黃運南北八
<sub>四八九</sub>
<sub>二六三</sub>
<sub>一三七五</sub>

神共一卦之時坤壬乙巽辰亥甲癸申不歸中皆用當

時直遠不用蕭若蕭歸中算五運上十年用算下十年

分算用辰亥二字

六運用巽辰亥艮丙辛向上不歸中直用兼用即歸中

矣兼用者補救也　　救

六白運用辰斗柄指辰向剔吉元元有五位歸中即打

結法也然六運辰向只有四吉倘有離水兼貪而為五

吉<sub>一二五四</sub><sub>六七九三</sub>

三運
四 八 九
六 一 五
二 三 七
乙向

七運 庚向
五 九 四
三 一 ？

江東一卦起於江東八神之中得其一何也。三運排到

三上郊乙向三碧零星在向一二巳遇四五雅屬進氣。

究屬別元之生旺矣江西一卦起於江西七運用酉辛

向得七八星為八神得其一也六退九入中南北八神

五歸中為星極包涵三卦氣貫三元元可用非若東

西二卦只得一二如七運用庚向五歸中即南北八神

共一卦五運用打結法五歸中皆共一卦也

七運
三 七 八
一 五 三
二 九 六
庚向
一 二 六
向
一 八 三 四
六 七 五 二
九

六運
八 三 四
一 五 九
二 六 七
向

入元兼貪巳丙宜向天門立上辰為天門向辰則兼貪

六運用辰向雜巳丙水即

而為五吉
六運 八 三 四
向 二 六 五 九
七

一運用午丁向雜丁未坤水取八白左輔為五吉
一運
向

五運用戌向雜亥壬水亦兼貪而為五

吉 戌向〔五 四／九 六 七／二 八 三〕 此向星辰有錯則有乾亥向

六運壬子水立壬向夾帶亥水亦有兼貪之妙 向壬〔五 九／三 四／八 六 一〕

可謂一六共宗

七運未坤水立辛山乙向退後數步作丁未水所謂向

乙貪在午不嫌其夾雜也 向辛〔八 三 四／一 五 九／六 七 二〕

八運子癸水立壬向夾帶丑水而有兼貪之妙雜之有

蓋 向壬〔七 二 三／九 四 八／五 六 一〕

八運用丁向雜丁未坤水兼武而為五吉向丁〔六 一 二／三 七／四 五 九〕

兼武兼貪者非兼尚用也是兼山收氣兼水出位之用

也跤如未坤坤水⋯⋯坤坤水

〔右上角：一八五三四／六六七二九〕

變丁未坤水為兼上元之用也。

兼向法

甲庚壬丙陽向為高兼一度三度乙辛丁癸陰向為耦

兼二度四度此蔣盤之用法也

山上龍神不下水水裡龍神不上山山管人丁水管財

祿山龍挑山為主平洋挑水為主山中有水即用向上

挑水平洋有山即用山上挑山故山上用神要放在山

上名曰山管人丁不可放在水上如放在水上則敗財

傷丁故曰山上龍神不下水也水上用神要放在水上

名曰水主財祿不可放在山上如放在山上則傷丁敗

財故曰水裡龍神不上山也。山水二局皆合為大地矣。

山非山峰之山遇房屋高皂搋作山論水是三义之水

逢來去浜頂搋作水論也。

收山出煞者兩股挾出水將令星要在三义口尚一股

單水令星不可放在水口要浜底來水處為之出煞

中宮句上來水去口須細論之。

山水令星俱到
向可以出煞矣。 生入剋入名為進，生出剋出名為退以

令煞二星五行先後天八卦篡入中最凶令星入中假

如六運六八中必絕也。用一白最久。發至中元凶星在

旺水上又逢戊己年太歲五黃到大凶平常不凶若在

敗水上更凶如吉星在吉水上逢流年吉星太歲更吉

用立...合...合對...流...道...威在來水

章仲山門內真傳　《大玄空秘圖訣》　《天驚訣》　《飛星要訣》　《九星斷略》　《得蓋錄》　等合刊　　六五

則傷人丁在去水口水灣抱女人多病在向上則傷人

丁

元空星向分先後假如一運立亥向用甲癸串亥上逢

申字九運先用癸字亥向有癸字一運一在串癸亦在

串一運六八串作丙山壬向亦為一六之吉也。

運有一个在內艮丙辛六運先用辛作亥向亥上得辛

己也。向分先後也。如一運作亥向先用申字
如六運作亥向先用申字

天盤
丁運
七　三　二
五　一　六
九　八　四

天盤
六運
三　八　七
一　六　二
五　四　九

天盤
九運　六　二　一　先用
　　　四　九　五
　　　八　七　三　癸字

城門訣

城門者水之交會處。即水對三叉　細認綜之意要及時

及令之星。即為生入一股水出口要一出六六出一

如六白運中來水之源用六去水

之處用一非指浜底為來源

六運辰向兼乙三分五八中逆佈逢離水六運丁向一

八三四
一五九
六七二

向 二六三七
丁 四八五九

上元用戌數入中佈到向上星何

入中逆佈向上六自為令星到向有一六聯珠之妙向辰

數再將向上星數入中觀其陰陽或順或逆倘遇五黃

到浜底與堂水口又值戌己都天交加立應凶至下元

用坐數入中逆佈一二三四五生數六七八九十為成

數五黃運用奇數逆佈（前兼龍神前兼向浮時得令之星為龍）

偶數順行（山向反吟伏吟再遇年月反吟伏吟必凶）

打結法當元令星卦運

不荄東浜反從頭生是星辰坐坤定...令可

用所謂從頭出也。原本此法不合即是呼星之意令各圍子悞此法即星辰交加一顧一倒雌雄交會之義

## 天星十道法

假如向上天心三碧偶遇山上重起星辰輪到向上是

七赤星即為天心十道或八方合十為格

四吉卦陰用遜要生水局向○四凶卦陽用順（用杀水局向山水難生旺）

陰陽相乘上元六七八九水尚遇六七八九星到水上

為陰水見陰星凶若一二三四星到六七八九星水上

此是陰陽相和吉或五黃星到向或到山或到水口若

遇運退元失如逢戊己之年應凶戊年在陽干陽支陰

年陰干陰支又子午夘酉向用乾坤艮巽水口或用乾

坤艮巽向亦用乾坤艮巽水口更有乾坤艮巽向謙收

甲庚丙壬乙辛丁癸為雜局又云癸兼子為不雜兼丑

則雜兎亥乾不雜兼壬則出位兎卦內八卦不出位代

代人尊貴此及出卦之病耳貪狼原星原是發來遲坐

向穴中心未知為向首有貪狼坐山有貪狼　驗

六一七二八三九四　五者八傷向上起星佈到水口上

一六二七三八四九

山上起星亦佈到水口上若二个令星俱到水口上發

最星速此乃坐空朝滿之局山上龍神來下水者坐山

天星入中佈八方見山得禁之星為吉得禁之星見水

為凶橋墩屋高處以作山論俱得用若見水凶

天机安在內得其所為內

山向水上各得其師

真口訣

左為陽子癸至亥壬右為陰午丁至巳丙此屬口訣

五四起宮逆而星仍順左為逆局先坎後到巽乾為亥

壬○五星起宮順而星仍順右為局先到離後到巽為

巳丙當元令　星在向用直起法

上元一白二黑三碧運中甲癸申坤壬乙子未卯一二

三不入中

中元四綠六白戌乾巳巽辰亥四六不要入中

下元七赤八白九紫運中艮丙帝寅庚丁午酉丑不必

入中

三星五吉各不同　三星言　五吉言卦　五位相德而各有
　　　　　　　龍體　　氣

合也此為五吉下元末上元初可用甲癸向故曰後潤

中元初寅申可兼用故曰先榮寅坤申庚御門開開者

心一堂術數古籍珍本叢刊　堪輿類　無常派玄空珍秘

七〇

兼通他卦也。

取得輔星成五吉。此輔星不在天元宮之水中又不在

天元宮之山上。正在天元宮之最親最近者之水中脈

耿貪狼護正龍。此謂坎氣入穴以收上元之旺氣交八

九運衰中元運短故也。

## 六白運內挨星接氣訣

庚山甲向有接七運氣坤水見可用。戌山辰向有接七

運氣見卯水可用。七運艮山坤向有接八運氣見坎水

可用。寅山申向同午山子向有坤水見可用。丁山癸向

同丙山壬向有接九運氣午水見可用。俱接下元之氣七

八九之氣。

甲庚見坤七二三
戌辰見卯八五三四
七運艮坤見九七二
接入辛五六

水按此運五四六
接七……

一節吉龍一代 八運兩壬見 七二三 下元要 九八七六 龍反 七八九之

發如逢雜乱知 午收接九運見 五九 六一 水為接氣此法前言不合後排

便參商要知吉 論一個星辰一節龍一代風光一節龍以定世代遠近

地行龍止雨水也 吉凶之應此龍神非求龍之龍神是元運流動之龍神

相交夾一龍 看坟須看龍到頭到頭者即令星到向之說也

凡挨星以時令入中順數到向上之數後以向上之數

入中尋令星如一逢九二逢八三逢七四逢六為之反

哈亦為之十道得時致吉失時致凶一逢一二逢二三

逢三為伏哈得令時亦能發福一失時令則凶不可當

見之經文

凡挨星以令星入中宮挨至向上口念着坤壬乙即是

巨門必將六數入中宮口念着艮丙辛必將七數入中

宮口念著巽辰亥必將六數入中宮如甲癸申者以一

數入中宮分佈八方逢陰則逆逢陽則順先挨山上令

星到向次挨向上令星亦有到向為妙直向無兼者直

達星辰不必入中向上直起假便交一運戌向是未字

未即三數乾上起三兌上二艮上一依次挨之何為逆

挨因未字屬陰故逆此向直達不用要得時之令星方

可用之如一運亥向可用向上有申字甲為貪狼雖失

元直達可用申屬陽要順挨乾上一兌上二艮上三依

次類推

一運甲癸申二運坤壬乙不入中是也

如廉貞者要將運數入中挨出分佈八方以山向再入

中挨出逢陰則逆挨逢陽則順佈要當元令星到向為
妙若遇坤壬是屬陽要順乙是屬陰則逆也假如中元
時造未向四運以四入中挨至未上是坎一坎中有壬
即以壬篡將壬入中挨換陰要逆挨出乾上九兌上八
艮上七離上六坎上五坤上四以作未字四數所謂令
星到向可用如下元七運丁山癸向以七字八中挨出
分佈八方數至坎方挨著震三震中有乙字再將乙字
三數入中乙屬陰逆挨乾上二兌上一艮上九離上八
坎中中癸向自七所謂令星到向亦合元也如兼者元
元要入中其餘倣此。

龍論山水論向水口為重。

邪壬乙即門從頭出。法挨
星法以隨時得令星入中

卷某

假如中元甲子甲申造墓八不動時不欲易位。如他時
造墓以得令時入中挨至向上口念至何卦何干支陰
陽入中或順佈或逆挨如五黃時造坤向坤以二八中
宮順挨到向此方有水來大妙為之得令星如壬向壬
屬一即以一入中順挨到乾此方謂之巨門有龍大妙
如乙向屬三即以三入中逆挨去至二亦在乾此方有
水不可也如下元兌七得令時造坤向即將七數入中
宮挨至坤念着巽四八中順挨至震是二此方為之巨
門挨星之龍水與四吉四凶反算下元用九八七六之
水一二三四之龍則其家必發也。此是真口訣。

下元有水處須挨上九八七六有龍處須挨上一二三四如七運辛山乙向
四五即作五維挨此方須龍為刻次維龍從八挨坤九在此方有

水為妙。

有如下元甲子甲戌二十年造午向以七入中挨至午
上二乃午變坤空字子再將二八中宮順挨出三在乾
此方有龍為得令 四在兌此方有水為之不得令
以四為龍位下元須　　　五艮位此處分五十看六在離七在坎
一二三四之龍也　　　合四吉水也。
此處有水大妙 何也。
如造酉向以七入中順挨八在乾九在兌將九之中卦
屬陰入中逆挨八在乾七在兌其龍加為之伏吟加何
也兩次數至其處總輪著八也此方在得令時反能發
福也一過時令必致其禍且欲死子非命如艮卦犯之
傷少男餘傚此　之龍其家必發以水上排龍言之
　　　　　　如下元用九八七六之水一二三四
　　　　　　之龍其家必發以水上排龍言之

癸山丁向

挨星以時令入中宮順挨至向上。有順無逆至向上山

上再入中挨去將口念著某數入中逢陽則順走逢陰

則逆輪故云有時順有時逆毫無定處也。

### 附後師論

五黃得令時即用一二三四之水為零神挨星挨去口

念著五黃。如左右二爻神為向即將戊己代之戊屬陽

順己屬陰逆坟旁有高阜或有屋為左不通風長房絕

右不通風小房凶如下元其高方在六七八九之水挨

出在一二三四之上不妨<small>收一二三四挨右六七八九之方也假如七運作癸山丁向四在兑其方可高</small>

書中兼一兼二非乾巽兼辰戌巳亥之謂上元兼中元

之水中元兼下元之水總要吉多凶少也。<small>六爻即一元三卦之二爻神共成也</small>

凡水從旺方而來消衰方而去消水方於四至三至二
至一從衰方而去其家富久即貪不驟若自一至二至
三至四而去其家不能聚財即祖上有業貧窮亦速至
於來水則反是水之來去俱宜屈曲而不可直若屈曲
必能出貴水必用星卦不可用爻神力薄耳山向以陽
兼陽陰兼陰不可陰陽夾雜如兼出卦即有陰差陽錯
向如准又數挨去仍是双數單數仍是單數斯地愈靈
其數即一二三四之數也如七運辛山乙向震為單數
挨得七在向上仍單數也　　如下元一二三四
為四吉須九八七六挨出一二三四之上方為五吉若
仍在一二三四之上便為四凶兔北斗七星去打結將

卷玉

令星對處為五黃即六入中自在巽之五黃用水上元

用九離挨出一白（上元一白五黃在離將五入中數　离九挨出一白到乾得雙數）下元用震三挨出

中元用六乾挨出四巽（挨出一白到乾　巽到乾得雙數）

七赤（震上帶　收七赤至）則有力於一卦（上元如上元用七赤則為煞

力為之用力不必水必一卦清純不可錯離如四吉水

挨星反出四凶即以四凶論水其地之凶在邓方至

邓年必欲傷下太歲逢合年尤忌如吉歲在邓邓年必

發

論龍者龍不可混要子字出脈子字尋要龍生山矣山

生水三生萬物是玄關來龍之田反形最妙故穴後反

形不妨前與左右俱不可反前反主大絕左反主長絕

右反小兒之也。

## 三元水法

甲巳未壬下元之上。十年初三十年得為中三十。甲巳未壬之水下元九。○邓巽坤癸。

下元之中。中三十乙辰申子下元之下。年得為三十。午辛乾。

丑辰巽之上。年得為上元初三十。酉戌艮上元之下。十年得為下。

庚亥寅上元之下。年得為此皆四吉四凶板水法。

上元要一二三四之龍六七八九之水下元要六七八

九之龍一二三四之水上元坎山當令為正神○得令之龍。

離為零神。○此一六合九○得令之水為零神。

乾水為照神

為之一六共富原本未能透明即是坎山坎向水朝坎富貴久長

安如一遍要坎龍坎向坎水即接星法攙得一富

坤山當令二運為正神艮為零神十二。八合九也。

兌水為照神

二七同道也

震山當令三運為正神兌為零神三七也　合　艮為

照神即三八

中元巽山四運當令為正神乾為零神合四六離水為照

神即四九　乾山當令六運為正神巽為零神合四六坎水

為照神共宗即一六

下元兌七當令七運為正神震為零神合三七坤為照神

三六同道　艮山當令八運為正神坤為零神合二八震為照神

三八為朋　離山當令九運為正神坎水為零神合一九巽水為

照神四九

來水在一二三四之方去水在六七八九之方其家不

能聚財若來水從六七八九之方去水在一二三四之

方則富矣。

起運

地以迁葬之日起運屋以居住之日起運後葬後造則
又重新起運如中元壬辰年迁葬為五黄運戊申年附
葬為六白運則以六白入中另算又如中元甲子年居
伍為四綠運壬子年於宅旁另造本宅仍作四綠運新
造之屋為六白運若將正堂修葺不以舊屋上起運則
從六白起運以六入中宫按算分陰陽之順逆用各不
同以察其得令否

玄空大卦宮位訣

坎離巽乾二長三艮坤震兑順迴環震宫則用逆行取

## 三二一仝逐位頌

### 宮位分房訣

子午乾巽丑未乙庚方禍福長房當壬丙戌辰卯酉艮

坤方吉凶見二房癸丁甲辛巳亥寅申方立應第三房

### 吉凶斷訣

巽風吹入仲離宮貪淫女子隨人走門　卿房寅申交媾掛

梁間尼姑陰陽兩宅向前不可有正曲路絞路之形要犯

吊死元下寅方亦然見戌水消午寅兩方為三合火局有

去峰怪墩破屋奇石等情宜傍火災寅平戌三方有旗

第華表實塔高峰在旺方者為文筆在衰方者為破筆

尖峰名為鬼煞宜慎火災遇九七二星有紅廟紅牆見

紅者非犯血症。亦犯火災巽上庚子造遠高樓坎兌二

局。爐毀。可造高樓坎（朝南宅基巽方不）水從離乾來去為九六過。

長房有血症巽是先天兌。與後天兌方消水小房口內

有症若築壩出啞予難產後天艮方曲曲水上元出壞

脚在小房艮先天震位長房亦難鬼消水出口打築斷

壩有疫症難產朝南房門不宜對竈宜犯目病南方不

可怪峰直射謂離為嶙嚴而目瞎

一筆驚奇法

一六共宗如上元甲予甲戌二一白當令顛倒論之一白

坎對面離九紫水為正吉六白乾水為催吉而艮水兌

水皆為吉聯神一白坎水為正煞四綠巽水為催煞而

坤水震水皆為凶照神

二七同道如上元甲申甲午二黑當令則顛倒論之二

黑坤對面艮方八白水為正吉七赤兌水為催吉而乾

水離水皆為吉照神二黑坤水為正凶三碧震水為催

凶而坎水巽水為凶照神

三八為朋如上元甲辰甲寅三碧當令則顛倒論之三

碧震對面兌方七赤水為正吉八白艮水為催吉而乾

水離水皆為吉照神三碧震水為正凶二黑坤水為催

凶而巽水坎水皆為凶照神

四九為友如中元甲子甲戌四綠當令則顛倒論之四

綠巽對面乾方六白水為正吉九紫離水為催吉而艮

水兌水皆為吉照神四綠巽水為正照一白坎水為催

勌而坤水震水為凶照神

四綠分在上元六白分在下元五黃居中營甲申甲午中元也

五十同途中元五黃當令天四綠五黃六白皆中元也

旬二十年在河圖洛書太極為五十在十干為戊己皆

在中央甲申旬中十年分在上元甲午旬十年分在下

元戌數為五屬陽土寄旺於艮巳數為十屬陰土寄旺

於坤五為天屬陽寄旺於辰戌戊十為地屬陰寄旺於

丑未不可混用惟看元運

一六共宗如中元甲辰甲寅六白當令則顛倒論之六

白乾對面巽方四綠水為正吉一白坎水為催吉而坤

水震水皆為吉照神六白乾水為正嬈九紫離水為催

嬈而艮水兌水皆為凶照神

二七同道如下元甲子甲戌七赤當令則顛倒論之七

赤兌對面震三碧為正吉二黑坤水為催吉而坎水巽

水皆為吉照神七赤兌水為正嬈艮水為催嬈而乾水

離水皆為凶照神

三八為朋如下元甲申甲午八白當令則顛倒論之八

白對面坤方二黑水為正吉三碧震水為催吉而坎水

巽水皆為吉照神八白艮水為正嬈七赤兌水為催嬈

而兌水離水皆為凶照神

四九為友下元甲辰甲寅九紫當令則顛倒論之九紫

離對面坎方。一白水為正吉。四綠巽水為催吉而震水
坤水皆為吉。�???神九紫離水為正。翰六白乾水為催翰。
而兌水艮水為凶照神。

以上中元六局甲辰甲寅下元七局甲子甲戌八局甲
申甲午九局甲辰甲寅通共八十年四吉四凶撮訣大
抵一白二黑三碧為上元每宮各管二十年三宮共管
六十年四綠五黃六白為中元旺運亦六十年惟有中
元無所靠着判二分之三十年屬下元七赤八白九紫
為下元旺運此中推算排佈皆以九宮為掌訣委以為
秘法。

城門訣　坎離

坤壬巽癸出丑酉艮丙乾丁未邓零午寅午戌流坤去

申子辰消艮庚帝

　巽乾

坤癸壬向寅酉水艮丁丙向申邓零戌午向中水甲乙

辰子向中庚酉帝艮辛庚向午每丑坤乙甲向子水神

亥邓向水巽壬癸巳酉作配乾丙下

　　震說兑

乾甲坤乙流辰子巽庚艮辛戌午零酉巳丑乾丙去

邓亥邓未配巽去

　　艮坤

巽辛庚艮亥午零乾乙甲坤巳子生未邓向中水壬癸

丑酉作向水丙丁乾丁丙向水單卯巽癸壬向酉毎辰

寅午向水坤甲乙甲子向水艮庚辛

天元立向訣 上元內作陽下元內作陰 天元四正八線訣

丙壬乾甲巽五向坤兌凶方忌照臨甲丙午丁乾離水惡星

七向流源艮兌噴子癸卯乙巳酉辛七向坤離水惡星

申巳卯巽辛子癸酉乙凶宮離艮刑午丁辰巽四宮向

最忌震艮滙流神亥向怕逢坤坎水坤艮惟愁巽兌驚

庚亥甲兮三向察照宮坎艮損人丙丑寅未向乾離侵

辰巽須防坤震靈臨艮坤二向觀水術震巽源流家道

傾丑未向愁乾坎滙何寅最怕巽離侵

人元立向訣

丙申兼壬郊酉神乙辛丁癸子甲辰巳亥戌乾十六向

艮坤滙照至凶神丁午艮坤愁震兌丑未庚申離坎驚

惟有寅中向觀乾巽誰當值元水煞人

## 二十八宿五行撼法

子午郊酉日火精甲庚丙壬燉炎神乙辛丁癸中央土

乾坤艮巽木成林寅申巳亥淵源水辰戌丑未屬黃金

### 起例

乾坤艮巽四山甲上起木星乙辛丁癸四山亥上加孤曜

辰戌丑未四山寅上加掃蕩甲庚壬丙四山乙上加天財

子午郊酉四山辰上加燥火寅申巳亥四山郊上加天罡

上不合三吉用中氣局以定吉凶内將來山加天財逆

行外局以紫氣加數順走。

太歲山頭白訣

子年一白入中宮午歲相逢九紫同。卯歲中宮三碧起

酉年七赤是星宗申未二年交二黑辰巳四來四綠中

戌亥宮中起六白丑寅八白正相逢白到山頭宜作用

安坟立宅子孫榮白中有煞宜迴避犯者須教立見凶

此二十年山頭白也。以剋爲凶如子年四綠加艮木剋

土作艮山方主傷四人犯一白傷一人二黑傷二人以

星數推要知何時應近取四綠五四十日或四個月遠

取則艮爲丑寅年或未申相對冲年損何人以所犯之

方支應爲丑寅人也。其法月與年同。如寅月以八白入

中也白中煞者暗建六揵穿心鬥午交劍受剋也犯煞
之方俱不可犯一忌煞氣之入中如坎山忌黑黃八白
入中不可修造一忌煞到如九紫到乾兌方犯之主是
非橫災火盜官事瘟瘟其三元年月白星同忌

先天五行秘旨陰陽順逆

壬子癸合一卦陽起　　　　辰巽巳合一卦陽止

戌乾亥合一卦陰起　　　　丙午丁合一卦陰止

戌巳中元二十年分半陰半陽起止

康熙二十三年上元甲子乾隆九年中元甲子嘉慶九

年下元甲子中元甲戌甲申三十年陽順撥入上

元共成九十年中元甲午甲辰甲寅三十年陰逆撥入

下元。共成九十年。陽順陰逆。週而復始每卦管二十年

以大玄空斷效驗如神

按九元大運

**元**

泰定　元年　　甲子一白管事　　一白即是　上上元

**明**

洪武　十七年　　甲子二黑管事

正統　九年　　甲子三碧管事

弘治　十七　　甲子四綠管事

嘉靖　四十三年　　甲子五黃管事

天啟　四年　　甲子六白管事

**清**

康熙　二十三年　　甲子七赤管事

乾隆　九年　　甲子八白管事

嘉宗

嘉慶九年

同治三年

民國十三年

甲子九紫管事

甲子一白管事

甲子二黑管事

月五黃起例

予午邱酉年八白入中宮寅申巳亥年二黑中宮求辰

戌丑未年五黃中宮起

日上挨星訣

冬至一陽生一白中宮起順行　夏至一陰生九紫中

宮起逆走　冬至

貪狼臨位永
無菟紫草生
從腳下未兩
面紅艷凝未
改衣裳却似
斬新裁
巨門子淨起

甲子一七四　　甲戌二八五　　甲申三九六
甲午四一七　　甲辰五二八　　甲寅六三九

夏至

甲子九三六　　甲戌八二五　　甲申七一四
甲午六九三　　甲辰五八二　　甲寅四七一

九星斷畧

竊聞河圖洩兩儀之秘洛書闡九曜之靈一白先天在
坤後天居坎上應貪狼之宿號為文昌之星五行屬水
色尚白秋進冬旺春洩夏死壬人遇之必得其位必得
其祿庶人遇之定進乎財定進乎喜為九宮第一吉神
也至其尅煞壯子有鼓盆之嗟尚商有喪明之痛蓋有

二黑屬土星號曰門其吉也發田財則青蚨闐之
旺人財則蠱斯螽然為晦氣之宿病符之星憂愁抑
鬱有所不免暗悶淹延蓋嘗有之至其尅煞孕婦有坐
草之虞孀居失柏舟之志或干涉婦人而興訟或有懷
必火三碧祿存星隸震宮其色也碧其五行也屬木值
女子以招非大抵此方不宜修動犯者陰人不利其病
其生與家立業當其旺富貴功名官災訟非遇其尅也
殘疾刑妻遭其凶也濃血傷災觸之者飛災大禍犯之
者疾病纏綿巽宮得四數其色綠行屬水文曲居之故
值之能發科甲能旺人財君子加官小人進產至尅煞
有瘋哮自縊之厄不得免焉淫佚流蕩之徒蓋有之矣

之矣

沉塵穴內祥。
烟瑞氣生因
此兔孫多富
貴出人清秀
更超群
祿存水能蚊
虫多蛇鼠穿
瑩自作窩口
骨生末多黑
爛泉房子息
受奔波。
文曲星辰是
若何流末被
柳冰生多更
知其中泥土

聚因知白蟻
作戌寓

廉貞毒藥水
莫來軟腳瘋
癱又墮胎必
主女家遭此
寓虛勞蒸損
瘦形骸
武曲水來大
吉昌二人安
吉昌

五黄廉貞位鎮中宮威揚八表其色黄行屬土宜靜不

宜動動則中凶宜補不宜尅尅則犯傷戊己大煞炎害

並至全太歲歲破凶神疊疊禍患頻乘故此星直右在

平垣之地門路輕短猶有疾病臨高峻之處門路長重

定主傷人必遭回祿之災萬室威燼難免瘟瘟之禍五

尹云亡其性最烈酷何也盖以土為五行之主

中為建極之基有天子之尊司萬物之命不可輕犯者

也况有大石尖峰觸其怒古樹神廟壯其威如火炎炎

而不可響通哉乾宮六白武曲居之行屬金性最剛其

生旺也威權震世巨富多下其尅煞也伶仃孤苦有刑

妻喪子之情七赤破軍位居正西兌宮有小人之狄為

破軍水朝不
堪高竹木籐
根繞椰纏更
主兩頭蟻虫
聚尸骸棺椰
兩難金

賊盜之精其生眠亦能發財旺下其尅煞則有口舌官
非秋金旺煞九紫可制夏月減惡八白忌臨左輔居艮
得八數其色白生則富貴可卜尅煞主小口損傷惟本
慈祥能化凶為吉德歸至善兄轉禍為祥故與一六皆
以吉論並稱三白也離宮九爲星名右獨性最燥威又
烈吉者遇之立刻發福凶者值之勃然發禍福故術家
以為趨煞催貴之神但火性剛直不能容私宜吉而不
宜凶故凶多吉少紫白並稱
按九星之法祥載元經茲述其體琭以爲學者入用之
提綱書云不冲不發不架不凶冲者門路在其方是也
架者其方有物必上所去有樹廟石峰之類架起者是

安坟最要看
中陽寬抱明
堂水聚露出
來結成玄字
橋朝來鷥鳳
無星禍直來
反去拖刀煞
溁流容死少
年古

東西南北水

也流年惡殺併臨亦名絮

元空秘旨

不知變易但知不易九星八卦皆空那識兩
片凡屬五行盡錯顛之轉禍福於指掌之間左挨
右挨辨吉凶於毫芒之際二天星斗運用正在中央九
曜干支施轉由乎北極夫婦相逢於道路卻嫌阻隔不
通情兒孫盡在於門庭猶恐頑非孝義卦爻雜亂異
姓同居吉凶相併蟆蛉為嗣山風值而泉石膏肓
山風者即八四之交會相尅如午酉逢而江湖花柳
之交會相尅如九七陽星
連奎壁啟八代之文章即一六胃入斗牛積千箱之玉
聯珠也六土能生金也
帛即八六土能生金也難交鼠而傾瀉必犯徒流
形亦安如此方可

來射房房橫
死絕根苗貪
淫男女風聲
惡曲背駝腰
家寀窵左邊
水反長房死
右邊水反小
兜憊當百水
反中男煞值
後反房房不
可當

任孝

火若尅金

即三七疊臨而尅益　雷出地而相冲定遭桎梏　三二也　相

兼化木數經回禄之災　即九七同遇也　土能制水以生金定主

田庄之富　一六八之木俱全也　木見火而生聰明奇士　即四九為友

火見土而出愚鈍頑夫　二九有情之刑也　無室家之相依奔走　撮孤陰孤陽也

於東西道路鮮姻緣之作　合寄食于南北人家孤陽也

男女多情無媒妁而為私合　陰陽相見遇寬鸞則反無

情　却有雌雄交會星辰之用也　惟正配而一交有夢蘭之兆得

干神之雙至多折桂之英　向有零星到向正也

成羣紅粉塲中快活　如四逢四七逢七九逢九火曜聯

珠相遇青雲路上逍遙　之要取相照也　非類相從家多

淫亂　星辰不合也　姻親作合世出賢良　星辰相合也

貞棟入南離。竚見廳堂再煥。驅車朝北闕。時聞丹詔頒

來。貪狼之倚離車尃九也北闕尃坎也。全無生氣入門（撼是水火相濟棟木甲木也在東方）

粮窶一窟。向首錯乱有凶此神。故有此應會有（零星到向有吉辰相照）

相尅而有相濟之功先天之乾坤大定相（犯立星有吉星相照無妨有吉星遇立星相凌故有害）旺神到穴富積千箱

生而有相凌之害後天之金水交俱

木傷土而金倚重重禍須有救火制金而水神疊疊災

亦能禳（旺神受尅有吉星相投無妨）土涸水而木旺無妨金伐木而

火熾無忌忌神旺而制神衰乃入室以操戈吉神衰而

凶神取旺直開門而揖盜重重尅入立見死亡位位生

來連添喜氣不尅我而尅我同類多鰥寡孤獨之人不

生我而生我家人出聰明俊秀之士

中宮星辰為我宗如飛出九宮者生中宮者或宮生星辰來生者為即生我也尅中宮者為尅我也生我尅者為財尅我生為瀉

父所尅男不招鬼為母所傷女難得嗣木尅土也金尅木也即火尅金也無情故有此也

不肖因生方之反背無情因生方有斜飛水或有反弓破

賢士承宗綠生位之端方朝揖生位有水路朝揖也我尅彼

而竟遭其辱為財帛以喪身我生之而反受其殃因產難而致死如我尅彼而反受其殃故遭此厄

樑之厄有四六相逢也或巽宮逢六或有水路直長相冲或有三七相逢也即相尅也子義交路有如純索樣或坤申交媾或艮寅無情是也

巽宮水路纏乾主有吊腹多水而膨脹

位明堂破震定主吐血之災如七會四也或有破屋直射或有紅門紅壁犯四巽犯向者即有此也坤宮得四

風行地而硬直難當室有欺姑之婦乾宮得四是也四巽火燒

天而張牙相鬪家生屬父之兒九乾宮遇九或九六相逢也兩局相關

必生尊子〔如薦向不令或地形不依水不依地不正點穴及難〕

結定有獨夫〔此地無沙無水也單結元辰方有破屋高墩填塞也或隱宅房門〕孤龍單

離位傷殘而目瞎〔之斷也因形九向右有得地離為目犯目病〕

坎宮高塞而耳聾〔坎宮有高墩破屋攔阻也〕

兌缺陷而唇亡齒寒〔艮方有曲曲水也〕

斜尖破碎也 山地被風吹還生風疾〔形再犯刘曲水也坤艮有犯無情之〕

艮破碎而筋枯臂折

雷風因金死定被刀傷〔如三四七之星形或會四七交加也約犯趕起家有少亡只為〕

冲殘子息卦〔如八直四也〕

庭無耆老都盡攻破父母

父卦〔都是乾坤兩卦受趕也〕冲破漏神也漏道在坎宮遺精泄血坎宮有河破軍

居巽位顛病風狂〔有破碎之屋在巽宮亦作破軍也或巽有犯七赤或〕開

口筆插於離方必落祿山之外〔離方有毀墩或有破亭子類也離〕

鄉砂飛於艮位定亡驛路之中〔左右砂兩傍有反弓金水口如此〕

一〇三

食玉髓

多情貪花戀酒。<small>無論陰陽兩宅有圓河溇專有此斷</small>木金相反背義亡恩。<small>地形雖結金體有</small>

震庚會局文臣而兼武將之權。<small>左有旗竿沙右有圓金壜向結羅星怖要在丁丙朝即金印也所謂左旗右鼓大地也</small>

乾貴客而有耆耋之壽。<small>峯者即離方有寶塔尖即是也</small>堪敵國。<small>即艮坤有丙火相生也</small>離壬會子癸喜產多男。<small>總要取相生相合之類是也不合不</small>

天市合丙坤富。<small>即丙壬癸丁子之類是也</small>

四生有合文人旺四旺無沖田宅饒。<small>可冲破穴場為幾</small>

未換局而出僧尼震巽失宮而生賊馬。<small>之亥也失元</small>長庚啟明交戰四國。<small>即三七叠臨目有交戰之心也</small>南離北丑

坎位極中天。<small>即有水火既濟之功也</small>

健而動動非佳兆止而凈靜罔不宜。<small>吉凶水宜凈可動</small>南離北富比陶

制尅是堆金積玉。<small>即六八也</small>貴並王謝挹綠喬未抺疎

辛比庚而辛更精神甲附乙而甲益靈秀。<small>立辛向甲向為是也</small>

<small>即四一同宮也</small>

癸為元龍壬號紫氣曰厥各有依司丙臨文曲丁近傷
官人財因之耗之見祿存瘟瘟必發遇文曲蕩子無歸
值廟貞而火災頻見逢破軍身體多慼四墓非吉陽土
陰土貴剪裁四生非凶卦內卦外由我取要知禍福因
由妙在天心素篇冬圍子曰此篇初學津梁學者須細
悟之其山自有一番妙境挽不離乎體用兩全也大尺
安坟立宅須得中和之氣察其衰旺盛衰方可以開山
立向自無悞人之過也

陽宅秘訣

如坎宅屬水忌火土是五間八間二間九間喜一間三
四間六七間也或一宅五進為宅尅局不吉或三進六

進則吉。算法即將元運某星入中佈九宮得一三四六

七九。宜安床若二黑。方安床。主多病五。主耗則少下。若

病多蠱脹八。主小口難養。多生外症。再將年星入中。若

遇反吟伏吟。斷其吉凶無差矣。坎宅在洛書屬水。忌火

土。火土即二五八九。進數亦忌假如第一進屬水二土。

三木四木五土。餘做此。一二三四五間數同前算將運

星入中佈九宮。如一進五間從左首第一間起一白第

二間二黑坤三震四巽五黃土。再將流年入中又如下

元七赤甲子即將七赤如於左首第一間第二間八白

餘做此。○假使看陽宅以中宮星辰為主辨其生尅制

化之理。如我字者即中宮星辰也。如飛星尅我者為煞

我尅者為財生我者為旺我生者為洩星生宮者亦洩

宮生星者為旺宮尅星者為洩星尅宮者為財依此推

斷決無謬惧如四一同宮准發科名之顯

註一白是官星四綠是文昌如坎宅一白入中宮流年

遇四綠到中宮或坎宅艮方是四綠流年遇一白到艮

又如巽宅四綠入中宮流年逢一白到中宮或巽宅坤

方是一白流年遇四綠到坤之類或向有一白流年四

綠到向上亦依此斷

九七共遇常逢回祿之殃 九紫是後天火星七赤
是先天火尅故主火災 二五

交加而損主亦且重病

二黑是病符星五黃是廉貞星故主死病經曰五星孕婦受災

黃遇星時出寡婦二主宅 母多病黑逢黃至出鰥夫家有孤鸞

三七疊臨而刼盜更見官刑<sub></sub>是破軍星故主盜說火刼金也

雖云喜氣然六會九而長房血症七九之會尤凶<sub></sub>三碧是蚩九星之赤九紫金也

四綠固是文昌然八值四而小口殞損二四之逢更惡<sub>木刼土也</sub>

八逢紫曜須知婚喜重來六過輔星可以尊榮顯

貴次求嗣續惟在生神如紫白至論幣藏尤宜旺氣在

飛星是故二黑入乾逢八白而財源大進遇九紫而蠢<sub>此指坎宅乾方或</sub>

斯蠢藝藝<sub>乾宅中宮吉之</sub>三碧臨庚會一白<sub>庚卯</sub>則丁

口頻添交二黑則青蚨闐<sub>此指坎宅兌宮言之</sub>卦於乾位

屬金九星則二黑為土<sub>此號星八之吉</sub>八三層則木來刼土而

財少入兌局則星列生宮而人興再逢九紫臨火土之

年斯為得運而丁財並茂兼主科名<sub>此指坎宅言之</sub>餘倣此

埋

圖於四間屬金　洛書則四綠屬木此乃圖尅書之象入

兌右則文昌破

體而出孤入坤局則土重理金而出寡若以一層居坎

震之鄉始為得氣而科甲傳名赤增丁口之此指間數言之層數傚此

若夫煞旺當求印旺我之位者生九星生處宜尋制煞

煞位者尅我之位也印旺不如化煞局山旺地施工如兌宅七赤入中宮遇其年九紫到之宮是為洩也以生金或到

我之位為煞則修動八白以所到之宮是為洩也以生金或到旺地施工餘倣此

修動六白之吉以助七赤之旺是謂旺地施工餘倣此

推而行之一宅可通八宅。神而明之九星專用一星按

觀此篇紫白九星。取輪年飛到者以興生家九星較生

尅非此六十年如挨一星之死法也況陽宅係生者所

居得失最速斧斤一動吉凶隨之宅尅命敗絕尅宅

亦凶如坎宅土命人居之出瘟瘟病所以宅尅命之意
也

得益錄

蓋安坟立向須得向上之星得生旺爲要故曰向首一
星災福柄去來二口死生門向上須得有水聚者或有
水聚者此謂之玄關又謂之城門此處不可
光者或合上又水者此謂之玄關又謂之城門此處不
可不以令星制之故地之吉凶全在此分之
生入尅入生出尅出以中宮向上來口去口論之
大約挨生旺之氣到向水上謂之生入挨衰死
之氣到向水即謂之尅出出字當作入字看
入尅入名爲旺子孫高官盡富貴生出尅出名爲退兒
孫孤寡受教貶飛星尅入宮者爲生山向乃穴之主腦
吉凶從此而出零正自局之玄機陰陽從此而起

五章

以正神裝在向上為生入以零神裝在水生入以零神裝在水

零神下元之正神即上元之零神零正無定隨寸運，行而元降者也盖以卦內生旺之位為正神以正卦衰敗之位為零神陰陽交媾全在零正二字

當元者為旺未來者為生方去者為衰過去已久者為死陽水陰山相配合者將生旺之氣裝在水上衰死之氣挨在山上撼在作者互相關涉品配為用水得陽山得陰山得陽水得陰此真配合也即山上龍神在山水裡龍神在水此謂陰山陽水雌雄配合著眼也此消長之陰陽非年支卦支之陰陽也陰陽即來者為陽去者為陰此陰陽是氣運都天大卦總陰陽觀水觀山有主張能知山情與水意配合方可論

主裁即天心正運之一卦　山情水意即山水各將

陰陽其實配合即天心自然之配合言雌雄配合此即

假使山上星辰與水裡龍神一九二八三七四六會合

也或一六二七三八四九亦可從此論其得失東西即

山水父母即玄空三般卦即一元三卦山得此三卦水

得此三卦自然合局

水法渙散迷茫之處五星混雜出脈未見分明繄名之

曰破軍而不入龍格只取龍神一路出身之脈其脈又

分水土金三星合貪巨武三吉〔三星者乃形局之星非貪巨武也〕

指龍為主向為客主客又云夫婦〔實指陰陽之對待山水之交媾牝牡相通皆在此〕

城門一訣與龍身出脈正是一家骨肉山惟水意即是

城門一訣以作收山出煞之用即謂龍到頭是也

五五

竅

龍到頭飛來　龍之龍
即按出零星　到向也　三義水亦是城門即察血脈以認

來龍也知三義之在何右則知來龍之屬何脈山上龍

神以山為龍者也專以山上之陰陽五行推順逆死生

水裡龍神專以水之陰陽五行推順逆死○衆水雖

聚一水發機發機之所與衆獨異微茫渺

忽太極之基此是玄竅名為化氣雌雄對待水土分形

梵收灣曲正處是金直而尖碗死氣須明龍之衰旺先

看城門予觀察白原本取九星相密然旺當求即旺九

星生處宜尋四語則亦為修方而諤非為相宅而諤其

言頗為近瑤因撮其要也

傳訣不傳　法傳法　即傳書李惠清抄本

右第七章

乾為馬　坤為牛　震為龍　巽為雞

坎為豕　離為雉　艮為狗　兌為羊

遠取諸物如此

一

| 編號 | 書名 | 作者 | 提要 |
|---|---|---|---|
| 62 | 地理辨正補註 附 元空秘旨 天元五歌 玄空精髓 心法秘訣等數種合刊 | 【民國】胡仲言 | 貫通易理、巒頭、三元、三合、天星、中醫 |
| 63 | 地理辨正自解 | 【清】李思白 | 公開玄空家「分率尺、工部尺、量天尺」之秘 |
| 64 | 許氏地理辨正釋義 | 【民國】許錦灝 | 民國易學名家黃元炳力薦 |
| 65 | 地理辨正天玉經內傳要訣圖解 | 【清】程懷榮 | 秘訣一語道破，圖文并茂 |
| 66 | 謝氏地理書 | 【民國】謝復 | 玄空體用兼備，深入淺出 |
| 67 | 論山水元運易理斷驗、三元氣運說附紫白訣等五種合刊 | 【宋】吳景鸞等 | 失傳古本《玄空秘旨》《紫白訣》 |
| 68 | 星卦奧義圖訣 | 【清】施安仁 | |
| 69 | 三元地學秘傳 | 【清】何文源 | 與今天流行飛星法不同 |
| 70 | 三元玄空挨星四十八局圖說 | 心一堂編 | 過去均為必須守秘不能公開秘密 |
| 71 | 三元挨星秘訣仙傳 | 心一堂編 | |
| 72 | 三元地理正傳 | 心一堂編 | 鈔孤本 清 三元玄空門內秘笈 |
| 73 | 三元天心正運 | 心一堂編 | |
| 74 | 元空紫白陽宅秘旨 | 心一堂編 | |
| 75 | 玄空挨星秘圖 附 堪輿指迷 | 心一堂編 | |
| 76 | 元空法鑑批點本——附 法鑑口授訣要、秘傳玄空三鑑奧義匯鈔 合刊 | 【清】曾懷玉等 | 門內秘鈔本首次公開 |
| 77 | 元空法鑑心法 | 【清】曾懷玉等 | 蓮池心法 玄空六法 |
| 78 | 姚氏地理辨正圖說 附 地理九星并挨星真訣全圖 秘傳河圖精義等數種合刊 | 【清】姚文田等 | |
| 79 | 曾懷玉增批蔣徒傳天玉經補註【新修訂版原（彩）色本】 | 【清】項木林、曾懷玉 | |
| 80 | 地理學新義 | 【民國】俞仁宇撰 | |
| 81 | 地理辨正揭隱（足本） 附 連城派秘鈔口訣 | 【民國】王邈達 | 揭開連城派風水之秘 |
| 82 | 趙連城傳地理秘訣附雪庵和尚字字金 | 【明】趙連城 | |
| 83 | 趙連城秘傳楊公地理真訣 | 【明】趙連城 | |
| 84 | 地理法門全書 | 仗溪子、芝罘子 | 深入淺出，內容簡核 |
| 85 | 地理方外別傳 | 【清】熙齋上人 | 巒頭形勢、「望氣」 |
| 86 | 地理輯要 | 【清】余鵬 | 「鑑神」 |
| 87 | 地理秘珍 | 【清】錫九氏 | 巒頭、三合天星，圖文並茂 集地理經典之精要 |
| 88 | 《羅經舉要》 附《三合天機秘訣》 | 【清】賈長吉 | 清鈔孤本羅經、三合訣 法圖解 |
| 89-90 | 嚴陵張九儀增釋地理琢玉斧巒 | 【清】張九儀 | 清初三合風水名家張九儀經典清刻原本！ |